AF874383

HAMITS Y EL INTÉRPRETE

FELIPE HENRÍQUEZ

HAMITS Y EL INTÉRPRETE

CONVERSACIONES CON EL MÁS ALLÁ

Ediciones Luciérnaga

La lectura abre horizontes, iguala oportunidades y construye una sociedad mejor.
La propiedad intelectual es clave en la creación de contenidos culturales porque sostiene el ecosistema de quienes escriben y de nuestras librerías.
Al comprar este libro estarás contribuyendo a mantener dicho ecosistema vivo y en crecimiento.
En Grupo Planeta agradecemos que nos ayudes a apoyar así la autonomía creativa de autoras y autores para que puedan seguir desempeñando su labor.
Dirígete a CEDRO (Centro Español de Derechos Reprográficos) si necesitas fotocopiar o escanear algún fragmento de esta obra. Puedes contactar con CEDRO a través de la web www.conlicencia.com o por teléfono en el 91 702 19 70 / 93 272 04 47.

© del texto: Felipe Henríquez García, 2023.
© de las fotos de cubierta: Shutterstock / ekosuwandono y Ints Vikmanis

Diseño de la cubierta: Planeta Arte & Diseño

Primera edición: abril de 2024
Segunda edición: noviembre de 2024

© Edicions 62, S.A., 2024
Ediciones Luciérnaga
Av. Diagonal 662-664
08034 Barcelona
www.planetadelibros.com

ISBN: 978-84-19996-18-3
Depósito legal: B. 19.621-2023

Impreso en España – *Printed in Spain*

Certificado PEFC
Este libro procede de bosques gestionados de forma sostenible y fuentes controladas
PEFC/14-38-00305
www.pefc.es

SUMARIO

NOTA DEL AUTOR

El libro que tienes entre las manos está guiado y animado por los espíritus guías —especialmente por mi maestro Hamits—, que me han motivado a compartir mi propia experiencia como médium y la experiencia de personas que, tras recibir mensajes de los suyos, transformaron y sanaron sus vidas, después de la herida producida por la pérdida de sus seres queridos. A menudo, los seres que parten se transforman en guías que, por amor, siguen vinculados a nosotros energéticamente y que, a medida que ellos mismos avanzan en consciencia en el mundo espiritual, influyen en nosotros y nos inspiran para que vivamos una vida mejor, y nos preparan y acompañan en nuestro viaje al otro lado.

Es mi propósito que estas páginas te aporten una visión más amplia del mundo espiritual y sirvan de herramienta para tu mayor bien, especialmente en este momento tan importante de cambio de consciencia que la humanidad está viviendo y que es una gran oportunidad para conectarnos y crecer en una misma dirección y con un mismo movimiento: el amor, la consciencia, el regreso al origen, al uno, al todo. En la primera parte del libro comparto la alegoría que me transmitió Hamits para que conozcamos el propósito de nuestro viaje y de la gran familia que somos. También te hago partícipe de mi propio recorrido existencial para que conozcas cómo fue mi temprana conexión con Hamits, y cómo el niño y el adolescente que fui descubrió, no sin grandes temores y contradicciones, las facultades con las que hoy ayudo a quienes asisten a mis charlas, cursos y talleres y a las sesiones privadas.

Una selección de esas sesiones es, precisamente, lo que presento en la segunda parte del libro. Son historias reales en las que sus protagonistas recibieron mensajes del mundo espiritual a través de sus guías y seres queridos, información sanadora y con una profunda enseñanza para orientar nuestras vidas personales con mayor consciencia y plenitud. Todo lo que cuento de ellas sucedió tal cual, solo he cambiado, por respeto a la privacidad, los nombres propios de las personas implicadas, o fechas y detalles que pudieran revelar sus identidades. Me respalda, además, su permiso o el permiso de los guías para revelar, en nombre del bien común, lo que sucedió en esos mágicos momentos de conexión que estoy seguro de que te sorprenderán y con los que, a menudo, vas a sentirte identificado.

Finalmente, la tercera parte del libro contiene una reflexión sobre la necesidad de aprender a partir para aprender a vivir, así como información y respuestas a algunas de las preguntas sobre el más allá y el mundo espiritual que me hacen, frecuentemente, en las sesiones o en las otras actividades profesionales que desarrollo. Ya a punto de concluir el libro, y guiado por Hamits, viví una apertura de consciencia con la que se me reveló información canalizada que incluyo en el último apartado sobre la *diviunidad,* un término de mi amado maestro Hamits para expresar nuestra naturaleza de seres no duales ni separados de la conciencia divina, y recordarnos que no solo estamos aquí con un cometido individual, sino que somos parte del tejido cósmico, y que, en definitiva, abrirnos a la *diviunidad* y aceptarla es la llave del despertar.

I

La conexión con el espíritu

LA GRAN FAMILIA

En múltiples ocasiones, muchas personas me han hecho preguntas recurrentes que generaron en mí la iniciativa de escribir este libro, animado por mis guías espirituales, en especial por Hamits, uno de los maestros que desde niño me guía y acompaña en mi desarrollo personal y espiritual. Pero ¿qué significa que tengo un maestro espiritual o qué es eso de los guías espirituales? ¿Y qué es el mundo espiritual? Esta y otras preguntas semejantes encontrarán respuesta en las páginas de este libro, en el que comparto el conocimiento que, durante casi treinta años, he ido recibiendo del mundo espiritual en las distintas actividades de mi carrera profesional, en las sesiones individuales de conexión con los guías espirituales, o en las conferencias, cursos y talleres que tengo la bendición de realizar por todo el mundo.

Desde niño tengo la habilidad de conectar con espíritus de familiares a los que conocí brevemente, pues era muy pequeño cuando partieron. Lejos de que se borrasen de mi recuerdo por mi corta edad, se hicieron cada vez más nítidos, ya que podía verlos, sentirlos y escucharlos como si estuvieran presentes físicamente. Los espíritus coexisten con nosotros en otros planos de consciencia, y esto es posible porque al no tener cuerpo físico, forman parte vibracionalmente, por decirlo de algún modo, de un cuerpo energético intangible para la gran mayoría de las personas, pero del que formamos parte y que se comunica con nosotros de manera consciente, bien cuando estamos preparados, o bien a través de los médiums, que son instrumentos de conexión entre ambos mundos, como es mi caso.

A menudo me preguntan también cómo me di cuenta de que era médium y, en realidad, hay una pregunta anterior a esta: ¿cómo me di cuenta de que los espíritus eran espíritus y no personas vivas? Yo no tenía consciencia de la muerte hasta que viví la pérdida de mis abuelos paternos y, antes de esto, ya les hablaba a mis padres sobre familiares que habían partido incluso antes de mi nacimiento. Lo cierto es que seguí en contacto con mis abuelos después de su fallecimiento y fue entonces cuando, ante el asombro de mis padres (que intentaron obviarlo durante mucho tiempo) pude identificar qué era un espíritu. A uno de los que se convertiría en mi maestro y al que posteriormente le pondría cara, pues solo escuchaba su voz y por ello yo le llamaba precisamente así, la Voz, a quien no había conocido físicamente como a mis abuelos, yo lo concebía como a mi amigo, ese famoso amigo imaginario que muchos niños tienen frecuentemente. Sin embargo, sobre los siete años mi percepción sobre esta conexión con los espíritus cambió, como te desvelaré más adelante.

Hay varias preguntas sobre el mundo espiritual que se entrelazan y que muchos nos hacemos. Por ejemplo: ¿de verdad existe Dios? ¿Qué sentido tiene todo esto? ¿Qué sentido tiene la vida? ¿Y qué sentido tiene la muerte? Quiero compartir contigo la respuesta que a todas estas cuestiones me dio mi guía, la Voz, y que es la siguiente alegoría sobre la gran familia.

> Felipe, imagina una familia, una gran familia colmada de amor incondicional donde reina la armonía y fluye el deseo de expansión de la única verdad que existe y que es el código original de la existencia: el amor infinito. Y, ahora, imagina que muchos de sus hijos son invitados al desafío de poblar otros mundos, otros universos, con el fin de experimentar lo contrario al código original,

viviendo miles de aventuras que les harán recordar quiénes son y de dónde provienen, para así nutrir a la gran familia con esas experiencias que han salvado miles de dificultades en su vuelta a casa.

La verdad es que yo no entendía muy bien qué quería decir la Voz con todo eso hasta una noche de las tantas en las que me contaba esta historia con el fin de que mi tristeza por el recuerdo que me embargaba en mi infancia se diluyera. Me refiero al recuerdo de otra familia que no era la formada por mis padres y mis hermanas en la Tierra. Yo extrañaba un lugar de luz y una familia que sentía que era la mía, un lugar al que pertenecía y al que cada noche quería regresar, y los maestros usaban diferentes estrategias para que mi dolor se fuese disipando con el paso del tiempo, pues en ese momento no lo comprendía. A mi alma le costó mucho alinearse con la energía de la Tierra, hasta que un buen día el recuerdo se disolvió y, en la actualidad, cuando conecto con ese no tan nítido recuerdo, el dolor se transforma en la esperanza y el convencimiento de que cada segundo que pasa es un regalo vivido en esta experimentación, pero también una cuenta atrás que me acerca de nuevo a mi verdadero y real hogar.

Este cuento sobre la gran familia comenzaba con la invitación de muchos de esos hijos. Como me contaban la Voz y mis demás maestros, muchos de esos valientes hijos habían decidido adoptar miles de formas: algunos la de árboles; otros, la de flores, volcanes, presas o mares. Ellos serían los testigos de la llegada de otros miles y cientos de miles de invitados que habitarían en estas tierras y mares, o que surcarían los cielos, y todos ellos, apoyándose en una larga carrera por existir, ayudarían a los hombres, quienes se inspirarían en aquellos para desarrollar las experiencias que antes de nacer habrían elegido desarrollar con el propósito original antes mencionado.

El personaje en cuestión de esta historia era Iam, un niño que pertenecía a la tribu de los hijos de las estrellas, una de las tribus que poblaban un asentamiento a las orillas de un río que ellos llaman el río de la Vida.

Todos, en esta tribu, formaban un enorme clan en el que, a diferencia de otras tribus, cada uno de los componentes trabajaba para un bien común y, además, cada uno sabía cuál era su lugar y su contribución y cada uno era insustituible, pues formaban un perfecto engranaje que hacía que todo funcionase a la perfección. Fuera cual fuese el desafío a superar, cada uno había pasado una prueba que ellos llamaban la *invitación* o *iniciación de estar despierto*.

En nuestra línea cronológica, Iam había cumplido la edad de catorce años y le había llegado el momento de superar su prueba. Él no tenía ni idea de qué sucedería, pues este momento sagrado era un secreto bien guardado por todos los que lo habían pasado y, hasta entonces, Iam solo era consciente del profundo amor y de los cuidados que todos los miembros del clan le habían profesado tanto a él como a todos los niños que formaban parte de esa gran familia. Y el momento llegó. Acompañado por los encargados de iniciar a los niños que se convertían en adultos, disfrutaron de un largo viaje de semanas. Mientras recorrían grandes extensiones de territorio nunca explorado por Iam, algunos de estos compañeros de viaje iban desapareciendo, de modo que fue conducido hasta un punto desconocido por Iam hasta ese instante, no obstante, rápidamente se daría cuenta de que ese sería el final de la compañía para que una nueva vida comenzase.

La última noche, acompañado ya por el último miembro de su clan, Iam se durmió desconcertado por la ausencia de sus otros compañeros, pero el agotamiento lo había vencido, así que se dispuso a descansar, pues en su cabeza todavía creía que el viaje seguiría y había que reponer fuerzas. Sin embargo, al despertar en la copa de un árbol seleccionado cuidadosamente para descansar, abrió los ojos para contemplar ese nuevo mundo al que había sido conducido y tal fue su sorpresa cuando se halló solo, su último compañero no estaba. Su primer pensamiento fue permanecer a la espera, pues pensó que el compañero, como era su costumbre, había ido a aprovisionarse de alimentos para poder proseguir el largo viaje, pero la posición del sol dejaba entrever que el día se consumía y una extraña sensación que Iam no reconocía comenzaba a hacerse más y más presente en él.

Esa sensación no era otra que el miedo, acompañado de una profunda sensación de soledad. Ambos acrecentaban la confusión que abrió la puerta a otras sensaciones que fueron presentándose al caer la noche, pues los sonidos nocturnos en la selva iban plasmando la clara idea de que Iam había sido abandonado a su suerte. Muchos pensamientos que nunca habían poblado su cabeza aparecieron: se preguntaba qué había hecho él para ser abandonado, y de la mano de la culpa siguieron también otras ideas que lo sumieron en un profundo llanto y en un dolor que, con el paso al siguiente día, solo fueron acallados momentáneamente por la sed y el hambre, imposibles de saciar en la copa de ese árbol. Así que, con la claridad del nuevo día, con mucha cautela, en un territorio no explorado y sin compañía, ni amor ni guía, entendió que era el momento de sobrevivir. Sin embargo, el miedo, ese nuevo compañero que se había hecho presente y crecía cada vez con más fuerza, parecía no tener intención de desaparecer e hizo que Iam se debatiera entre sobrevivir o dejarse morir.

Pero no estaba solo el miedo en su cabeza, también había una hermosa canción interpretada por su clan en los momentos de conexión con las estrellas que él había oído desde su concepción y que parecía no haberle abandonado. Esa canción le daba fuerzas para seguir pensando que debía permanecer vivo, pues de un momento a otro vendrían a por él.

Iam no lo sabía, pero su iniciación había comenzado. El gran viaje que le esperaba era una experiencia llena de oportunidades y nada ni nadie podían privarlo de ella, así que se decidió a explorar en busca de agua, ya que su cuerpo se estaba debilitando. Caminó y caminó, pero no encontró ni atisbo de esta, y casi a punto de desistir, aconsejado por sus nuevos amigos —el miedo, la culpa y la desolación—, prestó atención a unos arbolillos conocidos por él y que no eran otra cosa que unos cactus. Rápidamente recordó que, en las expediciones con algunos de su clan, cuando era un poco más pequeño, aprendió que estos arbolitos contenían agua. Se hizo con unas piedras tal como había visto proceder anteriormente y logró sacarla. En ese momento tuvo el pensamiento de que si su clan lo hubiese visto hacer tremenda hazaña, se sentiría orgulloso, lo cual le dio fuerzas para alimentar el pensamiento de que cuando volviesen a por él, lo contaría, e hizo que antiguos amigos como el amor y la alegría volviesen a aflorar en su espíritu, dejándole saber que siempre estaban ahí, en su interior, a la espera de ser invitados simplemente a ser. Aquel gran logro y la idea de ponerse a resguardo antes de que cayera la noche lo alentaron a buscar comida, pues había decidido asentarse cerca de aquella fuente de agua que aún no sabía que solo sería momentánea, y se aventuró a encontrar o cazar algo para comer. Al igual que todo su clan, Iam tenía un profundo respeto por la naturaleza, la madre de todos, como llamaban a la Tierra, y esta les aportaba el alimento que brotaba de ella y la vida para nutrirlos. Y, en aquel momento, la caza de cualquier componente de la naturaleza lo honraba, pues sabía que todo lo que se honra volvería a la vida nuevamente, ya que todo pertenece al ciclo infinito de la vida.

Ese día no tuvo suerte. A decir verdad, Iam nunca había desarrollado dotes de cazador y esto lo desilusionó mucho. Al caer la noche, la frustración y el dolor fueron nuevos compañeros que se hicieron presentes y fortalecieron su miedo, nublando cada vez más la esperanza de ser incluido de nuevo en su clan, y deseaba que todo aquello fuese un mal sueño. Lo que no sabía es que lo que consideraba un mal sueño era, precisamente, un hermoso despertar que aguardaba a que supiese abandonar a esos nuevos compañeros, entre ellos el miedo, que solo tenían una finalidad: ayudarlo a DESPERTAR.

Sin embargo, una poderosa energía, también nueva para Iam, comenzó a hacerse notar. Era la rabia, pues habían pasado semanas y nadie de su amado clan había aparecido al rescate. Pensamientos de frustración hicieron que decidiese olvidar a su gran familia y un buen día, después de salir a cazar alguna lagartija o a buscar tubérculos o frutos, sus lágrimas brotaron nuevamente de sus ojos. Sin casi darse cuenta, pudo comprobar que estas estaban siendo aprovechadas por algunos insectos que aguardaban la caída de cada una de esas gotas para ser recogidas y, mientras contemplaba eso, volvieron a su cabeza las palabras del clan que desde muy niño le recordaban que todos éramos útiles y necesarios para que la vida siguiera el mágico curso que ellos llamaban la eterna existencia, y como de un plumazo un sentimiento de valor acalló los ecos del miedo, la rabia y la frustración. Iam miró al cielo buscando la luz del sol y se hizo presente la compañía de la hermana águila que, surcando los cielos desde una posición elevada, le hizo llegar a la conclusión de que si subía a la copa de los árboles más altos, su visión sería mucho más ventajosa para ver adónde tenía que dirigirse para asegurar su supervivencia.

Y así lo hizo. Desde el árbol más alto al que pudo trepar tuvo una visión del hermoso paraje que lo acogía y que hasta ese momento él había vivido como una cárcel de la que quería escapar. Y, desde aquella nueva posición, vio allá abajo el árbol que lo había amparado, y se vio a sí mismo como un recuerdo de las semanas anteriores devorado por sus miedos y aprendió que esa visión del mundo, igual que la de sí mismo desde las alturas, le daba una nueva perspectiva y le mostraba que aquello, más que un castigo, podía ser un regalo. Siguió explorando y aprendiendo de todo lo que le rodeaba, incluso aprendió a ser más veloz que la gacela más lenta, pues entendió que ahí afuera existen devoradores que, lejos de ser buenos o malos, simplemente cumplen su cometido. Se instruyó, asimismo, en saber identificar a los compañeros que ahora elegiría para realizar su propio viaje.

Aquella visión del águila le mostró el río más cercano, donde conoció al castor que le dio la sabiduría para construir su propia madriguera. En el transcurso de su aventura, observó también la manada de lobos, y entendió que era el momento de formar su propia manada. Y, justo después de un tiempo, se topó con una pequeña tribu desconocida que le dio la posibilidad de conocer a quien sería su pareja, que caminó con él en su viaje de descubrimiento.

Pese a todo estos logros, Iam seguía sintiendo la ausencia de su clan y algunos resentimientos, pues no entendía por qué nunca habían ido a su encuentro. Sin embargo, en uno de sus viajes de reconocimiento, llegó a la orilla del mar, y tanto le impresionó su inmensidad, que decidió asentarse en aquel majestuoso enclave que lo invitaba a vivir una profunda conexión, sin saber que ese poderoso paisaje sería la llave que lo conectaría con el despertar que había olvidado en el transcurso de su aventura, pues el vínculo profundo con la naturaleza era una poderosa herramienta de su clan.

Iam se adentró en el mar, ya que había aprendido las habilidades de la pesca, y se topó con un enorme banco de peces. Contemplar aquel maravilloso espectáculo de sincronicidad que hacía que al unísono miles de peces adoptaran cientos de formas, dejando entrever la coordinación de cada uno de ellos con el resto del inmenso grupo, activó en Iam el recuerdo de muchos sueños, sobre todo de los días más difíciles del comienzo de su aventura, en los que soñaba con el clan haciendo ceremonias rituales en las que pedían por él y por los otros a los que también les había tocado el despertar y entendió que, pese a estar en la lejanía, su clan había estado siempre presente en su experiencia. Fue entonces cuando se disiparon su rabia y aquellos otros compañeros perniciosos que se habían hecho espacio en sus emociones. En su lugar, una energía de profundo amor enterneció su corazón, y el deseo del encuentro tomó la forma de una realidad que se produciría de un momento a otro.

Un buen día, de regreso al campamento, sentado en el río, Iam observó a un antiguo amigo que procedía del mar, y que no era otro que el poderoso salmón, quien intuitivamente realizaba el viaje a casa para desovar, aunque la vida le fuera en ello, pues era conocedor del profundo secreto de la vida eterna. Y fue entonces cuando entendió el poderoso misterio por el que había sido guiado. Fue entonces cuando despertó la intuición y se reafirmó en que era el momento de llegar a casa, pues poseía la verdad de que, más allá de su amado clan, el encuentro con este solo sería una parada necesaria para el regreso al verdadero hogar al que pertenecía y que, desde tiempos inmemoriales, estaba a la espera del celebrado y futuro encuentro.

Este relato sobre la gran familia que la Voz compartió conmigo cuando era un niño para responder a aquellas preguntas que le hice —¿qué sentido tiene todo esto?, ¿qué sentido tiene la vida?, ¿y qué sentido tiene la muerte?— me permitió saber que no estamos solos, que existen otras realidades, o, mejor dicho, otros planos de conciencia en donde se encuentran nuestros seres amados que partieron y donde, en algún momento, cuando partamos nosotros, viviremos el reencuentro. Pero hasta ese entonces y, aunque no seamos conscientes, los espíritus nos guían y nos apoyan en esta experiencia y en este maravilloso escenario donde nos aguarda la función teatral que vinimos a representar y que conocemos como *vida*.

Los espíritus guías, maestros o familiares en el otro plano tienen la capacidad de influenciarnos, de una manera muy inconsciente para la gran mayoría de las personas, y de manera semiconsciente para muchas otras, que atienden y desarrollan una poderosa herramienta de la que todos disponemos y que quizá muchos estén en el periodo de descubrir; y esta es la intuición, el lenguaje con el que se comunica el otro lado en momentos precisos y de manera espontánea, indicándonos tomar una u otra dirección.

En mi caso, los espíritus me han guiado, motivado y animado a escribir lo que en este libro comparto contigo, comenzando por mi propia experiencia como médium y con las experiencias de otras personas que, haciendo uso del mensaje de sus guías, transformaron sus vidas y siguen haciéndolo en un camino de mejora personal en el que el amor incondicional se reveló como el motor de la sanación de cualquier herida producida por la pérdida. Es importante darnos la oportunidad de entender lo que sucede cuando dejamos esta forma física, este envoltorio material del cuerpo, y hacemos el paso al otro lado, pues entonces seremos conscientes de la multidimensionalidad de la que comenzaremos a formar parte de modo consciente y en la que seguiremos experimentando un crecimiento evolutivo. Allí, la frecuencia vibratoria del amor infinito nos espera, apoyándonos mientras realizamos tan fascinante viaje.

Pero rebobinemos un poco y hablemos primero de lo que sucede antes del nacimiento, que es una de las preguntas que también nos hacemos a menudo. Los guías espirituales sostienen que justo antes de nacer nuestro *yo consciencia* (también llamado *yo origen,* o conocido como *yo esencia*), se diseña un plan de experimentación. El alma, que es una fracción del todo, crea la ilusión de la separación de este y diseña diferentes escenarios, aprendiendo a través de las experiencias en la Tierra. Posteriormente, seguirá aprendiendo en otros planos de consciencia, intangibles para el ser humano por el momento y por donde pasaremos hasta llegar de nuevo al origen, con el fin de transmitir nuestras experiencias. El alma vive justo experiencias contrarias al estado original de conciencia, que es el amor infinito, con el fin de recordar y regresar a ese estado original, y este fascinante viaje es diseñado por el *yo origen*.

Cuando nacemos, olvidamos todo, pues el reto es recordar lo que somos y de qué estamos formados y vibrar en esa frecuencia. Para que esa parte de nosotros que llamamos *el espíritu* (el hacedor de toda vida, que es la inteligencia divina, la divinidad) pueda expandirse, decide experimentarse. He podido aprender al respecto que todos nacemos con unos espíritus guías o una familia de almas que nos ayudan a crear las experiencias que vamos a experimentar. Unos nos acompañarán espiritualmente y otros se irán incorporando a modo de seres queridos, o no tan queridos, con los que tenemos la fortuna de vivir experiencias que nos harán crecer y realizar nuestro propósito espiritual, según se acerque o se aleje del propósito del ego, herramienta que nos aporta la ilusión de la separación del todo, del espíritu o de Dios, como queramos llamarlo, con la que somos dotados. Más adelante compartiré la visión que tienen los espíritus de este proceso.

Muchas de estas almas —o personas, si las queremos llamar así— que nos acompañan y a las que acompañamos en este fascinante viaje de la vida también formarán parte de nuestros espíritus guías cuando partan al otro lado antes que nosotros, y comenzarán a guiarnos espiritualmente con el fin de amarnos y apoyarnos en nuestra experiencia terrenal y a transmitirnos el conocimiento que van obteniendo en su aprendizaje allí donde se encuentran, en su vuelta a casa, para allanarnos el camino que antes o después vamos a recorrer. Un camino que si tenemos las claves conscientes, será el mejor viaje que podamos soñar. Estos guías son familiares difuntos que, por amor, siguen vinculados a nosotros energéticamente y que, a medida que avanzan en consciencia en el mundo espiritual, nos influencian o inspiran para que vivamos una vida en la que aprendamos de nuestras experiencias. Y también nos preparan y acompañan en nuestro viaje al otro lado.

Hay espíritus guías que son maestros espirituales con los que pactamos antes de nacer para que nos ayuden a realizar el plan que nuestra alma viene a representar. También están los ángeles y los diferentes espíritus de elevada consciencia que cooperan positivamente para que la humanidad aumente su consciencia de manera global, para que dejemos atrás las viejas estructuras que nos incapacitan por la frecuencia del miedo a experimentarnos como lo que realmente somos: seres con capacidad de tener una experiencia armoniosa y creativa de vida. Todos estos guías, al igual que nosotros, forman parte de un todo que denominamos espíritu, al que te propongo que descubras a través de mi experimentación como médium. Deseo realmente que estas páginas te aporten una visión más amplia del mundo espiritual y que sean una guía que te aprovisione de recursos y conocimientos para tu mayor bien.

MI ENCUENTRO CON HAMITS

Mi nombre, como habrás visto en la portada de este libro, es Felipe Henríquez. Nací en un lugar mágico, en el más amplio sentido de la palabra: Gran Canaria (España), una isla que pertenece al archipiélago canario situado en el norte de África. Canarias es un lugar especial. La magia, la conexión con el otro lado, el conocimiento de los cuatro elementos y el contacto con los seres que viven y habitan en ellos, así como la comunicación con los espíritus, son parte de nuestra cultura popular, gracias al mestizaje que, históricamente, y por la privilegiada situación geográfica, crearon diferentes culturas de distintos continentes al mezclarse (física y culturalmente) con los guanches, pueblo aborigen sagrado para los canarios, y al que muchos investigadores relacionan con la Atlántida, que habitó en esta región, dejó en ella influencias y generó campos energéticos, como magmas que ayudan a que se produzca un encuentro con lo oculto, con lo mágico.

Como conté en el apartado anterior, desde pequeño tengo contacto con seres y guías espirituales, pero la verdad es que yo no me di cuenta de que podía hacerlo, sino al contrario, percibí que la gran mayoría de las personas no podía. Hoy en día esta situación empieza a cambiar, de ahí que me haya animado a relatar mi experiencia en este libro, para poder ofrecer una guía en este momento tan especial e importante de cambio de consciencia que la humanidad está viviendo, y que es una oportunidad para todos los seres que poblamos y formamos la infinita masa del todo de conectarnos y de crecer en una misma dirección y movimiento: la consciencia, el amor y el crecimiento, volver al origen, al uno, al todo.

Desde que tengo uso de razón, puedo conectar con el mundo de los espíritus, que pertenece a otros planos de consciencia y que, para mí, desde el principio, había sido algo tan normal como el respirar. Sin embargo, esto cambió cuando, desde la inocencia del niño que era, me atreví a transmitir los mensajes de mis «amigos invisibles» a una persona allegada a mi círculo familiar. A esa persona le di un mensaje de su madre difunta y su mirada de pánico me condenó a pensar que aquello que era tan normal para mí debía de ser malo. Fue una de mis primeras experiencias en mi trabajo como canal espiritual al servicio de la humanidad. Debía de ser el año 1982, yo tendría siete años, y después de la escuela pasaba mucho tiempo en casa de una tía mía a la que varias personas iban a tomar café por las tardes, para charlar y pasar el rato. Aquella tarde —y a diferencia de otros días—, recuerdo que me llamó la atención una «luz» que vi, así era como yo llamaba a lo que años después aprendí que se denominaba *aura*. Era una luz oscura que se posaba sobre la cabeza de una de las personas que había venido de visita a tomar café y aquello me pareció tan raro que no dejaba de mirarla, hasta que la persona en cuestión, de manera dulce y cariñosa me preguntó: «¿Qué pasa, Felipe? ¿Qué maldad estarás tramando?».

Yo era un niño bastante *desinquieto* —como decimos en Canarias—, bromista y bueno..., lo sigo siendo. Y en ese momento en el que ella preguntaba, vi a una señora que la acompañaba y me decía: «Es mi hija, está triste porque no sabe que la amo, que la acompaño; no deja de llorar y se siente muy sola». La verdad es que yo desconocía la profundidad del mensaje, pero me acerqué a aquella mujer y le dije al oído: «Tu mamá no quiere que estés triste. Dice que te quiere mucho y que su medalla está guardada en un cajón, en el mueble de la cocina de tu casa. No la encuentras porque no tienes cabeza pensando que se perdió de manera irremediable. Y como no dejas de llorar por ella, tu mamá quiere que la encuentres para que dejes de sufrir». No sé si alcanzas a imaginar la cara de susto que se le puso a aquella mujer, pero desde luego yo me quedé desconcertado al ver que salió de la casa despavorida, corriendo y gritando, mientras algunos de los otros presentes me increpaban: «¿Qué le has dicho? ¿Qué hiciste esta vez, Felipe?». Aquello para mí fue algo traumático, aunque puede parecer gracioso desde la distancia.

Pero lo cierto es que unos días después, con una gran sonrisa, la misma mujer lucía una medalla de oro en su pecho y se dirigió hacia mí besándome y dándome las gracias. Luego me acorraló a solas, queriendo que le dijera más cosas y acosándome con preguntas de cómo sabía yo todo aquello que le dije, pero después de la reprimenda que había recibido no me atrevía a abrir la boca y, es más, desde aquel día, una sensación de miedo y de culpa recorría mi cuerpo.

Fue entonces cuando recibí la visita de un amigo nuevo, Hamits, mi instructor para la vida material y espiritual. Todavía no lo sabía, sin embargo, una gran alianza acababa de establecerse, aunque en ese momento solo vi su imagen y él no medió palabra. Hasta mucho después no establecí contacto con él por medio de otro espíritu que te presentaré un poco más adelante, pero a partir de aquel hecho aparentemente problemático de mi infancia, esa gran alianza acababa de comenzar. Durante los años anteriores, veía y hablaba con muchos niños y adultos que aparecían, fuese yo adonde fuese, ya fuera la escuela, el patio de recreo o simplemente mi propia casa. Adonde quiera que fuera, siempre estaba acompañado, de día y de noche, pero sin saber ni imaginar que las demás personas no los veían como yo. Había unos niños que me seguían constantemente y no sabía por qué, ellos decían que eran mis hermanos. Años después, en mi adolescencia, le pregunté a mi madre por qué veía a cuatro niños que me decían que eran mis hermanos: ella se echó a llorar y me confesó que había tenido cuatro pérdidas antes de nacer yo y que incluso yo mismo estuve a punto de morir, que había nacido a los siete meses de embarazo en el coche de mi padre de camino al hospital, y que, gracias a mi abuela paterna, que asistió en el parto, había podido nacer. Lo que no estaba muy claro por mi circunstancia de sietemesino y por el poco peso con el que nací era si sobreviviría, según cuenta mi mamá, pero se dio el milagro, como ella dice, y el milagro me permitió seguir en la vida.

Con el transcurso de los años, según iba creciendo y como si de una novela por entregas se tratase, todo iba tomando sentido en lo que respecta a mi capacidad de conexión con el mundo espiritual. Si bien al principio mis miedos comenzaron a crecer, a medida que era consciente en mi niñez de lo que me diferenciaba de la gran mayoría de las personas por las facultades con las que había nacido, esto fue aliviándose sorprendentemente por una serie de eventos que estaban a punto de acontecer.

Un buen día estaba jugando fuera de la casa de mi abuela paterna cuando escuché un llanto de dolor que provenía del interior. Mi madre salió rápidamente en mi búsqueda y en la de mis hermanas, y nos llevó a casa. Nadie nos explicaba qué había sucedido, no obstante, se notaba en el ambiente el nerviosismo que los adultos transmitían. Unas semanas después recibí una visita de mi abuelo. Yo todavía no concebía la muerte, pero, a pesar de ello, me pareció que mi abuelo estaba diferente, se parecía más a «mis amigos» que a los que me rodeaban físicamente. Él se me acercó y dijo: «¡Hola pequeño! Vengo a decirte que partir de ahora estaré más a tu lado que nunca». Recuerdo perfectamente sus palabras y creo que las recordaré siempre, ya que nunca había sentido tanto amor, a la par que desconcierto. En ese momento, a diferencia de la gran mayoría, concebí la muerte como algo que no podía ser malo, ya que en ese instante apareció también mi ángel, un ser de luz con el que crecí guiado por la Voz, como yo la llamaba, porque muchas veces, aunque no la viese, estaba presente, y cuando yo hacía algo que no quería que nadie supiese, su voz se dirigía a mí, cuidándome, guiándome y contestándome a todas las preguntas que mis mayores no sabían, no podían o no querían responder.

Hasta donde yo recuerdo, antes de presentarse con una forma física, me hablaba —ahora creo que fue para no causarme una fuerte impresión, ya que la primera vez que la visualicé no sé si lo consiguió—. Era una mujer rubia, bellísima, con una estrella dorada dibujada en su frente, unos rizos dorados y unos ojos azules como el cielo. Era y es mi ángel, que desde niño se hace presente en momentos especiales para darme mensajes que atañen a mi vida personal. Ella apareció explicándome que el tiempo de mi abuelo se había acabado en la Tierra, pero que no debía preocuparme, porque siempre iba a poder estar cerca de él cada vez que yo quisiera. Me dijo que él iba a hacer un largo viaje y que ella lo ayudaría, junto a otros familiares que también habían ido de viaje, que vendrían a guiarlo y a enseñarle a VIVIR en otro lugar, y que yo no debía estar triste, porque era un lugar muy bonito.

Lo cierto es que mi abuelo, mi abuelito, me dijo que me amaba profundamente. Nunca había escuchado esa expresión y lo que sentí cuando se acercó a mí, como traspasándome, me generó algo que aún hoy no puedo explicar con palabras, que me llenó de una energía que solo se parece a la alegría y que hizo desaparecer el histerismo que mis familiares producían ante la tragedia de la pérdida de un ser querido. Como de costumbre, me metí en mi mundo nuevamente de manera cómoda. Al día siguiente, mis padres utilizaron sus metáforas para comunicarnos la muerte de mi abuelito; a mí me sorprendía la manera en la que me informaban del suceso, con tanto dolor y, verdaderamente sin saberlo, decidí quedarme con mi experiencia, ya que a diferencia de ellos yo escuchaba a mi ángel y a mi abuelo desde el otro lado generándome tranquilidad. La comunicación era cada vez más fluida y, a medida que mi abuelo paterno iba aceptando su nuevo estado, más fácil era para los dos comunicarnos. Me advertía cuando estaba jugando en lugar de estudiar y mis padres se acercaban a mi cuarto, o me decía todo lo contrario cuando me reprendían por cualquier cosa que los niños hacemos y que los adultos con total rigidez critican, al olvidar que se trata de niños. Después he comprendido que mi abuelo, lejos de maleducarme, simplemente trató —y consiguió, desde otra consciencia— que no me contagiase de las limitaciones de una educación tan rígida como innecesaria y fomentada por el miedo que nos contamina a los seres humanos a lo largo de nuestra vida. Así que ¡bien por ti, abuelo, mil gracias de nuevo!

En una ocasión, antes de salir de casa para ir a la escuela, mi abuelo apareció y me dijo que me iba a acompañar y que debía hacer todo lo que él me dijera, que era muy importante. Yo le pregunté por qué. «No tiene importancia —me dijo—, solo quiero que me hagas caso a lo que te digo.» Yo asentí con la cabeza, aunque lo cierto es que me pidió que, en lugar de tomar el camino de siempre, fuera por otro. ¿Qué crees que hice? Fui por el camino de siempre —sigo siendo un poco cabezota en la actualidad—. Mi abuelo parecía estar un poco enojado, ya que el sonido de su voz era más fuerte que de costumbre, pero yo hice como que no iba conmigo y pasé por la puerta de un viejo hotel que estaba en la misma calle donde yo vivía, al que le estaban haciendo una gran reforma.

Cuando pasé esa puerta y seguí caminando, mi abuelo vociferó de una manera que creó tal rechazo en mí que me aparté como unos veinte centímetros hacia la derecha. En aquel mismo momento cayó una ventana del piso más alto que, literalmente, aseguro que pasó a ras de mi hombro sin cortarme ni dañarme gracias a aquel gesto de mi abuelo, pues de lo contrario me habría reunido con él antes de tiempo. Fue otra experiencia que nunca olvidaré, ni yo ni las personas que me socorrieron, tras el susto casi de muerte que nos llevamos los que por allí pasábamos en aquel momento. Unos minutos más tarde, después de recobrar la conciencia, salí corriendo como alma que lleva el diablo, huyendo por miedo de que alguno de aquellos mayores conociese a mis padres y estos me reprendiesen o, peor aún, me castigasen. A mi entender, hui dejando a mi abuelo como único testigo directo cercano a mis papás, a quienes mi abuelo no podía decírselo.

En otra ocasión, mis guías me salvaron de ser atropellado. Mis padres, como a todos los niños, me enseñaron a cruzar con el semáforo en verde para peatones. Sin embargo, en una ocasión mi abuelo me motivó a cruzar en rojo. Aquella sensación de peligrosidad, de desafiar las reglas, me hizo hacerlo, eso sí, bajo la firme promesa de que no lo haría nunca más. Y lo hice. Minutos después, una señora era atropellada al cruzar en verde cuando un conductor borracho se saltaba el semáforo. Las Palmas de Gran Canaria es una ciudad pequeña y segura, en aquel tiempo mucho más aún, y mis padres me permitían moverme en un rango amplio de manzanas libremente y, además, como según mi padre yo era raro, le gustaba que estuviera en la calle para ver si hacía amigos. Lo que no sabía, ni hubiese podido comprender, es que nunca estuve más y mejor acompañado que en mi niñez. Quizá te sorprendas o te parezcan historias fantásticas las que aquí cuento, pero te aseguro que todo esto es tan real como la vida misma. Te iré relatando mis recuerdos y experiencias página a página y seguro que quizá, aunque no seas tan consciente, reconocerás que en muchos momentos de tu vida tu intuición te ha guiado o te ha librado de hechos afortunados o desafortunados y que, sin saber por qué, has podido experimentar.

A medida que iban desarrollándose mis facultades de conexión, muchos otros seres venían con los guías espirituales. Se me presentaban algunos buscando ayuda y, a través de los maestros que me acompañaban y con la asistencia de mis guías, podía conducirlos a otro plano, pues muchos estaban perdidos después de haber partido y no encontraban el camino, ya fuera por haber muerto por causas accidentales, ya fuera por haber dejado cosas inconclusas o, simplemente, porque se agarraban a una memoria antigua al estar apegados a su existencia mortal.

Otros seres fueron cada vez más frecuentes en mi edad adolescente, y aumentaron mis inquietudes de aprender y de acercarme cada vez más a una vida de carácter espiritual. Mientras más profundizaba en las experiencias que aquí relataré, más miedos iban aflorando en mí, tanto en relación con el mundo físico o cotidiano como con el desarrollo y el contacto con los otros planos de consciencia. Quiero hacer hincapié en estos miedos, ya que creo que ahora mismo muchas personas, sobre todo niños y jóvenes, pueden estar pasando por los mismos miedos por los que yo pasé, y me gustaría contribuir de manera activa a disiparlos con este libro. Y es que, aunque mis guías espirituales me acompañaron en todo momento, me faltaba el *feedback* de alguien físico que me tranquilizase y me pudiera dar la claridad de que las realidades a las que estaba expuesto no eran una locura ni un problema mental, tal como otros al igual que yo tuvieron que creer, por no tener una explicación sobre lo que estaban viviendo.

Corría el año 1988. Yo tenía trece años cuando comenzó a aparecer en mis sueños Amanda, una hermosa mujer con rasgos de zíngara que, de manera espiritual, fue una de mis instructoras del conocimiento sagrado de los oráculos. La primera vez que contacté con ella fue a través de un sueño extrañísimo. Oí, antes de dormirme, la voz de una mujer que decía mi nombre. Podía escucharla con toda claridad: «Felipe, soy

Amanda». No estaba muy familiarizado con los viajes astrales o, por lo menos, no sabía que se llamasen así. La verdad es que cada vez que viajaba astralmente de manera consciente para mí era un drama, y lo cierto es que esa noche volvió a suceder. Sentí en el duermevela algo que tiraba de mí con mucha fuerza, como si algo me aspirase y ella dulcemente me decía: «Ven, no tengas miedo, confía». Quise controlar aquella experiencia en vano, así que me dejé llevar. Así pues, me transporté a otra dimensión en la que mi cuerpo astral se proyectó a una especie de bosque en el que me esperaba una hermosa gitana de bellos ojos grisáceos, una tez blanquecina, manos finas y piel suave, vestida con ropajes antiguos en muchos tonos diferentes, rojos, morados y verdes, y unos preciosos pañuelos que parecían estar bordados con hilos de oro y la plata más fina que puedas imaginar. Me recibió con una especie de baile de bienvenida y acto seguido me condujo a un carruaje donde me invitó a tomar asiento y me explicó: «Soy Amanda, tu instructora, tu familia. Mi linaje se remonta a tiempos antiguos, tan antiguos cronológicamente que la historia de la humanidad no recuerda. He elegido esta forma de representación para ti». Puedes imaginarte cuántas preguntas pasaban por mi cabeza. Es más, una parte de mí solo decía: «Esto es un sueño, solo un sueño». Para mi sorpresa, me dijo: «No es un sueño. Lo cierto es que quizá este lado es más real que el sueño en el que la humanidad está sumida y del que tú ya comienzas a despertar».

En aquel momento no entendí nada, la verdad, pero a medida que avancé en edad y experiencia, supe que aquello, más que una premonición, era una realidad. Amanda continuó hablándome: «Seré la que te recuerde todo lo que has aprendido a lo largo de tus existencias». Yo, como si me hablasen en chino, ignoraba a qué se refería. Y luego me pidió: «Dame tus manos». Con aquella mirada hipnótica parecía que nada se le podía negar a aquella enigmática mujer, así que, ni corto ni perezoso, le di las manos. En aquel encuentro, me explicó y me enseñó el arte de la quiromancia y en otros posteriores me enseñó a leer el tarot, a hablar con los cristales, con la naturaleza, a obtener visiones a través de un vaso de agua, etcétera. A lo largo del día, yo deseaba que el reloj avanzase rápidamente para que llegara la noche; mi afición por aquellos encuentros me entrenó para provocar conscientemente los viajes astrales, tanto para salir como para aterrizar en mi cuerpo nuevamente. No sé si a ti te ha pasado alguna vez que te has despertado con la sensación de que te caes de la cama o, literalmente, cayéndote de la cama, porque a mí me pasaba a menudo, hasta que controlé los viajes astrales. Así que aquella fue una época bellísima y muy fructífera para mí y también para muchas personas que han podido disfrutar de la ayuda del conocimiento que se me dio en aquel momento y que puse al servicio de los demás a partir de ahí. Cada uno de aquellos encuentros era para mí un regalo. No fueron muchos, duraron toda la primavera y un buen día, después de un encuentro, supe que se acababa aquella maravillosa conexión.

En el último encuentro con Amanda, ella me recibió en otro lugar diferente, nunca visitado por mí hasta aquel momento. Me llevó a las puertas de un lugar de luz. Seguían intactos tanto mi asombro como mi ilusión por todo aquello que yo denominaba «mi mundo» y no importaba si era real o no para las personas que me rodeaban. Amanda no me dejó entrever aquella despedida hasta que vi llegar a otro ser, un hombre con un atuendo a modo de sotana con capucha, alto y muy parco en palabras, que llegó a nuestro encuentro: era Hamits, que me recibió y, con una reverencia, se despidió de Amanda. La escena me recordó lo traumático de la primera vez que mi abuela me había llevado al jardín de infancia. Al despedirse de mí, Amanda me dijo: «Hasta aquí llega mi acompañamiento. Recuerda, estás a punto de conocer la ciudad del conocimiento, a la que muy pocos pueden cruzar, así que atiende a tu nuevo maestro, no hagas preguntas, solo aprende. Siempre, siempre, estaré en conexión contigo. Estamos unidos para toda la eternidad». Y repitió mientras se desvanecía: «Hamits es tu NUEVO MAESTRO, ¡ESCÚCHALO, APRENDE!, él es ahora tu mentor», y desapareció.

No recibí ni una palabra de aquel nuevo ser, me pareció frío, ya que contemplaba con total seriedad e impasibilidad mi desconsuelo. En aquel momento, sentí que algo tiraba de mí nuevamente con mucha fuerza: era la voz de mi madre llamándome, ya que mi sueño profundo no me permitía atender a la insistente llamada de mi despertador, así que me quedé con la incertidumbre a lo largo del día de qué iba a pasar cuando llegara la hora de dormir.

No pasó nada de nada hasta un par de semanas después, cuando ya casi me había olvidado de aquello e incluso tenía la esperanza de que todo lo que había vivido, incluida Amanda, era una fantasía. A pesar de esto, yo había puesto en práctica lo que ella me enseñó con «mis amigos», y con tanto éxito que las personas a las que les había leído las cartas, o a quienes había hecho una lectura de su firma, me buscaban sorprendidas diciéndome que todo lo que les había mencionado se había cumplido. Hasta María José, una de mis grandes amigas, me propuso el negocio de hacer lecturas a sus compañeros de instituto, pues me había traído la firma de varios de ellos y yo les había acertado en todo, lo cual me desconcertaba aún más.

Una tarde calurosa, como de costumbre en Canarias, estaba paseando cuando vi a Hamits a mi lado y lo escuché dentro de mi cabeza. De manera muy seria me dijo: «Hoy es el día», y desapareció. Yo estaba solo en casa, nervioso, ya que mis padres se encontraban de viaje y mis hermanas pasaban la noche una en su casa con su marido y la otra en casa de mis primas. Invité a todas mis amistades a dormir en mi casa, porque tengo que confesar que aquel ser me daba miedo, pero nadie acudió a la invitación, así que después de mis clases en el instituto me fui a casa y esperé. Allí apareció. Yo estaba en el salón, se me acercó e hizo amago como de tocar mi cabeza y caí de lleno en el sofá.

Cuando desperté, aparecí en un lugar en el que atravesé una puerta diminuta. Vi perfectamente una sala llena de silencio y percibí una serie de signos, como una especie de contenedores de información en constante movimiento. Hamits se comunicaba mentalmente conmigo: «Estamos en los archivos akásicos». Yo no tenía ni idea de lo que me decía. Aquel ser, muy serio, me enseñó a leer los signos: «Esto que vas a aprender te permitirá saber todo lo que necesitarás a lo largo de tu vida para ayudar a quien tengas que hacerlo. Yo estaré supervisando cada paso que des. Desde el principio de la creación, todo está aquí. No hay pasado, no hay presente, no hay futuro, aquí está todo escrito y podrás leer cada signo en la medida que se te permita y aprenderás muchas nuevas cosas que habilitarán el desarrollo de tus facultades. Nos comunicaremos mentalmente, da igual donde estés. Ya es el momento y estás preparado». En ese instante, él puso sus manos en mi cabeza. Mi cuerpo astral comenzó a flotar y a girar, mientras parecía que Hamits operaba mi cabeza. No sé lo que hacía, pero algo estaba cambiando en mí. «Te enseñaré a hacer nuevas cosas», me dijo, y salí de aquel lugar. Durante los meses sucesivos aprendí a conectar con la mente de otras personas, a leerla, a desarrollar una capacidad empática de conexión con las emociones de otros y a manipular la energía, prácticas que efectúo en la actualidad en mi trabajo, conectando con la mente de otras personas y realizando cambios de creencias en su cuerpo emocional y vibratorio... Pero esto lo explicaré más adelante.

Hamits me abrió la puerta a la información y me aleccionó de que esto tendría consecuencias terribles para mí en el día a día, ya que no solo veía a los seres y difuntos que estaban perdidos y a los que he podido ayudar a pasar al otro lado, sino que ahora, además, conectaba con la mente y las emociones de otras personas. Hasta que no aprendí a gestionar mis facultades, como comentaré más adelante, para mí fue un verdadero infierno. Mis maestros no me dijeron hasta más tarde que el uso y desarrollo de las facultades eran mi trabajo, y hasta que lo entendí así, sufrí muchísimo, hasta el punto de que el pensamiento de quitarme la vida fue una constante. Mi amor y mi fe en Dios, la ayuda de los guías y, en definitiva, la mente colectiva —el todo— me frenaron.

El encuentro con Hamits sucedió, como comenté, en el verano del año 1990. Yo ya había hecho una incursión en realizar vaticinios y poner en contacto a algunas personas con sus guías espirituales de forma aficionada y, a medida que iba acertando, más miedo me daba. Cada vez venían más seres a hablar conmigo. Si iba a un restaurante o a un centro comercial, muchos seres llamaban mi atención para que hablase con sus familiares; además, escuchaba la mente de las personas y me impregnaba de sus emociones, lo que me llevó a rodearme de la menor cantidad de personas posible. Si a esto le añadimos que vivía mi etapa de adolescencia, te puedes imaginar cómo fue. Tenía tanto miedo que rezaba para ser normal, lo recuerdo perfectamente, quería ser normal, hablaba con muy poca gente sobre esto y pedía que alguien físico apareciese y me dijera que no estaba loco, que yo era normal y que todo esto pasaría y —aunque siempre he amado a los seres—, los obviaba y trataba de hacer lo contrario a lo que me decían, para ver si me abandonaban de una vez, pero seguían llegando, y no solo llegaron mis amados y luminosos guías, sino otros no tan luminosos.

Aún no lo sabía, pero con mi miedo y mi rabia yo mismo había abierto la caja de Pandora. Ahora lo veo claro, mis guías habían tratado de protegerme todo lo posible, creando una atmósfera de amor, y enseñándome y dándome conocimientos que yo podía comprender. Sin embargo, los acontecimientos que me hicieron dejar de creer en mí y de ver normal mi facultad engendraron un campo de energía negativa, denominada *miedo,* que me convertía, como al resto de la población, en una fuente de alimentación energética para los seres de baja frecuencia vibratoria, quienes, en lugar de crecer, se quedan detenidos a nivel evolutivo y vampirizan a otros seres espirituales. Te recuerdo que nuestra experiencia física también es una experiencia espiritual, y esto nos convierte en seres espirituales, así que algunos «chupópteros» comenzaron a alimentarse de mí, transmitiéndome miedos que se traducían en pensamientos negativos y, a su vez, esto me hacía desconfiar de mis guías, ya que no comprendía por qué no me protegían. Hasta años después no entendí que siempre estuvieron ahí para ayudarme a avanzar, controlar y gestionar mi cuerpo mental, emocional y energético, y así poder ayudar a otros. Pero este conocimiento no llegaría hasta más tarde y en aquel momento su falta me hizo sufrir, y creer que yo era tan raro que no merecía ni vivir ni estar acompañado ni mucho menos ser merecedor de amor, así que, si mezclas todo esto, puedes imaginar qué podía pasar.

Comencé a experimentar estados tan depresivos que tuve que pedir ayuda al médico de mi familia, don Gonzalo, aquel señor tan bueno que me aseguró que me iba a recuperar de aquello. Afortunadamente, lo superé siguiendo las indicaciones de don Gonzalo: caminar, pasear, ir a la playa, en definitiva, salir de la cárcel donde me obligué a vivir, además de un pequeño tratamiento vitamínico que me recomendó. Yo soñaba con que este tratamiento dejara atrás mi depresión y también mi conexión y, como pude experimentar, esto no fue así. ¡Adiós a la depresión!, pero ¡hola a la conexión! Solo tenía quince años, un montón de gente alrededor que nadie veía sino yo, y mucha información que no sabía ni para qué servía ni por qué la recibía.

Un buen día, soñé con una casa que ya no recordaba, pero que cuando era niño visitaba en mi bicicleta, una casa que siempre tenía la puerta abierta y que estaba a unas manzanas de la mía. Allí vivía María Cristina Cruz González, una espiritista que practicaba la santería y que años después me ayudó y me hizo crecer amando lo que soy, como Dios me creó. Estuve dando vueltas a la manzana horas y horas y no me decidía a entrar hasta que me armé de valor y toqué a la puerta. Entré, ya que no escuchaba nada, y allí estaba ella, sentada en la sala de su consulta, con una gran imagen de santa Bárbara, bellísimamente decorada, otra de la Virgen de Regla y otra de la Caridad del Cobre. Ahora que lo pienso, aquella casa era un santuario, un lugar singular y sagrado, y tengo que confesar que todo aquello provocó un ruido en mi cabeza. Allí estaba, en fin, aquella mujer mayor con un aspecto bastante estrafalario, vestida como una típica muñeca cubana de las que uno puede comprar en la tienda de *souvenirs* del aeropuerto, desenfadada, amable y cariñosa, que me miró mientras yo avanzaba cautelosamente y sonriéndome, me dijo: «Por fin has llegado, hermano, te esperaba, mira que te ha costado decidirte. ¡Ay, santa Bárbara bendita! —exclamó—. ¡A quién me traes aquí, ¡qué ser, qué luz, qué belleza!».

«¿Sabes quién eres? —me dijo—. ¿Tú sabes quién eres, amor? —me preguntó con fuerza.» Y yo, como si fuera tonto y mudo. Me repitió: «¿Sabes quién eres?». Tímidamente le respondí: «Sí, Felipe». Ella se rio, soltó una carcajada y añadió: «Bendito sea Dios, ¿te manda y no te ha dicho quién eres?». Yo volví a decirle: «¡Soy Felipe!», y después de otra sonora carcajada, me dijo: «No, hermano, tú eres un ser puro. Vienes a ayudar. Eres especial y dicen los maestros que no quieres serlo ¡Ay, Señor! ¿Qué voy a hacer contigo?». Yo le dije: «Disculpe, creo que me he equivocado. Me voy». Y salí corriendo, pensando que estaba loca. Hasta años después, no volví a su casa.

Esa misma noche, sin embargo, tuve un sueño con ella. Se me apareció en sueños y me dijo: «Hermano, aquí estoy, mira que eres cabezota, me has obligado a transportarme, pero aquí estoy. No te preocupes, tienes que aprender a clasificar y a elegir para quién trabajas, para el Creador, confiando en Él y haciendo todo para lo que Él te mandó. O, si no, alimentarás a esos seres oscuros con tu dolor y tu miedo. No vengo sola, traigo a un amigo que se llama como tú, el negro, el negro Felipe». Y vi una presencia. «Él te ayudará y te guiará hasta que te definas. Tus maestros me han dado permiso.» En ese momento me desperté. Lo cierto es que no me gustó mucho aquel sueño. Pensé que me estaba volviendo loco. Unos días más tarde apareció un sobre escrito a mano: «Es para Felipe», ponía. No tenía sello y dentro había una estampa con una oración para el negro Felipe, un ser de luz al que los espiritistas en Venezuela y parte del mundo invocan para recibir ayuda en el desarrollo espiritual, y que, a partir de entonces, veía sonriéndome y advirtiéndome de hechos futuros que se cumplieron, uno tras otro. Aun con todo esto y más, yo seguía teniendo miedo y sintiendo rechazo de mí mismo. Era un adolescente, sí, pero no tenía ninguna inquietud que correspondiera a mi edad. Me acerqué a varias formas de concebir a Dios, fui a iglesias católicas, evangelistas, etcétera, pero seguía sin respuestas y quizá con mayor confusión. Hablé incluso con un cura que me dijo algo así como que el demonio influía en mí, de manera que mi miedo fue tan fuerte que hacia 1991 comenzaron a darse fenómenos *poltergeist* allá por donde yo pasaba, ya fuera en casa o en la de unos amigos. Para ellos esto era algo muy *cool*, pero yo no dejaba de preocuparme, hasta que un día Hamits, mi guía principal, reapareció... Y finalizó el caos.

Hamits reapareció, repito, y me dijo: «Busca un lugar tranquilo». Así que me fui a la playa. Eran las siete de la tarde del mes de agosto y me dieron las tres de la madrugada, lo recuerdo perfectamente. Hamits iba conmigo y comenzó a transmitirme lo siguiente:

—Felipe, es importante que aprendas esto. Has nacido con un regalo, una cualidad mediúmnica.

—¿Qué significa esto? —pregunté.

—Como ya sabes, a diferencia de la gran mayoría, puedes vernos tanto a mí como a otros seres de luz y a los difuntos y guías de otras personas.

—Sí, pero yo no quiero verlos, Hamits.

Me llamó la atención y añadió:

—Escucha, has vivido muchas vidas, has sido muchos personajes, y desde que tu alma eligió venir una y otra vez a ayudar, has hecho esto... Ahora te ha tocado ser Felipe. Quizá no lo comprendas, pero te aseguro que todo va a cambiar después de esta conversación, así que escucha: en la Tierra, la espiritualidad se vive a través de la materia, por lo que conocerás a muchas personas y disciplinas espirituales en las que verás que Dios reside.

—Pero ¿qué quieres decir? —le inquirí.

—La humanidad se acerca a un gran cambio y tú ayudarás, como otros, a ponernos en conexión a diferentes seres que moramos en otros planos con los que residen en tu plano. Eso es un médium, alguien que accede a diferentes planos de consciencia y conecta con las diferentes frecuencias vibratorias. No espero que entiendas todo esto ahora, pero lo irás entendiendo.

—¿Así que yo soy un médium?

—Sí, lo eres; por eso puedes vernos. Es hora de que dejes de martirizarte y de querer dejar de ser lo que eres.

—Pero ¿por qué? Yo no lo he elegido.

—Sí lo has elegido, lo que pasa es que no lo recuerdas. Ya te he dicho que esa es tu naturaleza y para lo que Dios te ha creado.

—¿Así que hay más?

—Sí, claro que sí —me respondió.

Aquello me tranquilizó.

—¿Los podré conocer? —volví a preguntar.

—Sí, en su momento, sí, pero ahora entiende esto: estás vibrando en una frecuencia de miedo y eso atrae la oscuridad.

—¿Y por qué no me defiende Dios?

—Debes entender esto: Dios es todo, una polaridad positiva y una polaridad negativa en diferentes planos o mundos. Para que lo entiendas, la manifestación se representa de manera diferente y la diferencia la marcarás tú al decidir desde dónde decides vibrar.

—Pero ¿por qué no mata Dios a los malos?

—Eso es lo que quiero que entiendas. —Hamits se sonrió—. No existe nada malo ni bueno en Dios, ni para Dios existen la experiencia creativa ni la tóxica. En la Tierra existen memorias tanto amorosas como discordantes, y eso hace que diferentes energías que vibran en la toxicidad no crezcan y se alimenten de experiencias como el miedo, el dolor, la rabia, etcétera. Y estos seres creen que pueden vivir al margen de Dios, por eso es importante que dejes de tener miedo. Es importante que confíes y que aceptes tu trabajo. Muchos seres humanos no saben esto, ya no conocen a Dios y se alejan del amor, así que es importante que comprendas esto para poder ayudar a otros a entenderlo también ellos, pero para eso, primero tienes que entenderlo tú. Quiero que sepas que, si dejas de tener miedo, dejarás de alimentar a esos seres de baja frecuencia. Esto te llevará al amor hacia ti mismo, y hacia la humanidad.

La verdad es que no entendía mucho, pero su mensaje comenzó a tranquilizarme, mientras me daba más mensajes e imágenes de mi futuro y del futuro de la humanidad. Respecto a mí, me mostró compartiendo el conocimiento del espíritu en cursos, sesiones, conferencias..., y él estaba conmigo guiándome en esas visiones cuando del año 1996 al 2025 habría un cambio de elevación de la vibración en este planeta, como comentaré en próximos capítulos.

La realidad es que todo lo que me transmitió Hamits en aquel momento me tranquilizó y me ha ayudado a ir aceptándome poco a poco, a vencer mi miedo a la par que vivo mi experiencia humana con amor. Él me avisó que conectaría tanto con almas que vibran en alta frecuencia y que me guiarían, como con almas que vibraban en bajas frecuencias a nivel evolutivo y que me confundirían, de ambas naturalezas, vivos y no vivos, seres espirituales encarnados y desencarnados.

Así que me preparé y, dos semanas después —como me había pronosticado Hamits— me encontré a alguien con el que comencé a trabajar, realizando sesiones mediúmnicas, poniendo en contacto a muchas personas con sus guías espirituales. Acababa de cumplir dieciséis años y, por motivos personales, vivía fuera de la casa familiar. Me había instalado en el apartamento de una amiga, donde comencé a hacer sesiones. Casi sin buscarlo, todo se armó, como me dijo mi guía, y en un abrir y cerrar de ojos un montón de personas llegaban a mí buscando información. Esto me ponía muy nervioso y tenía mucho miedo de equivocarme, pero allí estaban siempre Hamits, el negro Felipe, mis abuelos Manuel y Lola, y los guías de las personas que venían a visitarme. Mis idas y venidas a los archivos akásicos eran cada vez más frecuentes, hasta que un día, en un viaje astral en el que me acompañaba Hamits, llegué a una sala en la que un enorme cristal de luz se iluminó y en donde veinticuatro asientos dispuestos en forma de círculo, alrededor del cristal, tomaron forma. Acto seguido, veinticuatro ancianos vestidos con túnicas me dieron audiencia, tras la invitación de mi mentor.

«Ve hasta el centro, a partir de aquí no te puedo acompañar», habló dentro de mi mente, y así lo hice. «Bienvenido —dijo el principal maestro—, te esperábamos.» Sentí una transformación en mi cuerpo de luz, me convertí en un anciano. «Toma asiento», me dijeron. Dentro de aquel cristal había una especie de silla en la que me senté. Cuando lo hice, todo comenzó a girar vertiginosamente, vi cómo el paso del tiempo, las estaciones, un aluvión de información y de universos paralelos me atravesaban. «Ahora ocupas tu lugar, así que ya tienes la puerta de entrada.»

Aquel encuentro marcó mi vida. Entendí por qué, desde el día en el que tengo consciencia, no me sentía en mi sitio y por qué siempre me embargaba una sensación de sufrimiento por no estar en mi lugar. Sin embargo, toda la información que experimenté recibir allí se desvaneció al despertarme. Solo recuerdo sus últimas palabras: «Vive tu personaje ahora en la Tierra y toma la transmisión de los archivos. En la medida en que estos quieran desvelar la información, dásela al mundo, y recuerda que muchos de nosotros nos volveremos a encontrar en el plano Tierra. Te perderás una y otra vez olvidando quién eres —y ya lo creo que lo hice—, y cuando llegue el momento, serás simplemente un canal de información que contribuirá al cambio de consciencia. Vive la experiencia humana. Esta vez aprenderás de las emociones, de los éxitos, de los fracasos, de las pérdidas y de todo lo que ese maravilloso mundo te dará: la oportunidad de experimentar. Pero es importante que recuerdes que ahí nada y todo es real. Volverás al Consejo. Ahora somos seis los que vibramos en el plano Tierra, pero antes del cambio los veinticuatro seremos uno en la Tierra».

Años más tarde, y gracias a las enseñanzas de Hamits, entendí aquello. Lo recuerdo como un vago sueño y hoy lo puedo comunicar canalizando a Hamits, ya que toda esa información la desvelo a través de estas líneas y de los próximos capítulos, tal como ellos me guían. Sé que nos ayudará a todos a conectar con nuestro cuerpo de luz, dejando atrás las memorias inherentes al personaje que vivimos. Quizá no entiendas en este momento esta parte de la narración, pero a medida que avances en la lectura se resolverán muchas de las preguntas que todos nos hemos hecho a lo largo de nuestra existencia y que he podido canalizar a través de los maestros, o que he podido traducir en los archivos akásicos.

Ahí comenzó mi camino de transmisión del mensaje del Espíritu del Todo. Ciertamente, tendemos a creer que somos seres terrenales que tratan de alcanzar la iluminación a través de la espiritualidad, cuando según los maestros somos seres espirituales experimentando una realidad material, y esto nos lo permite nuestra condición de iluminados. Cuando escuché esta idea a Hamits por primera vez, me alivió mucho saber que no había nada que hacer para iluminarse, pues ya lo estamos, y entendí perfectamente eso de que nuestra alma elige proyectarse en una «realidad material» olvidando todo lo que somos, olvidando la fuente con el único propósito de experimentarse una y otra vez y de SER. Como si de una obra de teatro se tratase, los actores estudian un guion para representar una obra perfectamente escrita para ellos y se mimetizan con el personaje, a veces cómico, a veces dramático, etcétera, pero al final de cada función regresan a ser quienes son realmente. El desafío es ese, identificar que somos actores con ese fantástico guion escrito única y exclusivamente para cada uno de nosotros, sin adueñarse del drama ni de la comedia, simplemente representando el papel de la manera más genial posible. Como todo actor, uno hace uso de sus dones y cualidades para alcanzar la mayor plenitud y potencialidad de su representación. El problema quizá es que olvidamos el guion cuando queremos ser dirigidos por nuestro ego, nuestro miedo escénico o simplemente por el pánico a la crítica ajena, y entonces convertimos la función en una realidad pesada, sin escapatoria, en la que, aunque tengas el mejor director, escenario o público, no realizas tu verdadero trabajo, y esto te aboca a ir a miles de *castings* buscando las oportunidades con las que naciste y para lo que viniste, y te hace representar obras que no se asemejan al personaje inicial y que, en consecuencia, al no recordar la oportunidad de SER en tu propia obra el personaje adecuado, tu alma decide representar una y otra obra, consecutivamente, hasta volver a la conciencia inicial.

Y de eso trata este libro, de ayudarte a recordar que eres libre, que esto es solo un instante, que Dios —o sea, tú mismo— te permite experimentar por el placer de hacerlo, que no hay más sentido, pero sí hay una responsabilidad, y esta no es otra que entender que somos un todo perfectamente engranado en la decisión de la experimentación con consciencia, y que esta se adquiere tras una experiencia que debe ser unificada y no dual.

La experiencia dual es la que nutre el ego que nos hace creer que esto o aquello es real o irreal según nuestra consciencia, nutriéndonos de miedo y de esas fantasías que generan baja frecuencia con las que nos impregnamos en la Tierra, separándonos del todo y creyendo que la vida, tal como la hemos creado, con dolor, sufrimiento, gozo o éxito, es real. Y hasta cierto punto lo es, en la medida en que tú lo creas.

Llegados a este punto, te invito simplemente a que vayas sacando tus propias conclusiones a medida que profundices en las historias que te contaré en las siguientes páginas, vividas y escritas a partir de estos veintinueve años de trabajo alrededor del mundo, con los que he tenido y sigo teniendo el privilegio de aprender de los «vivos» y de los «muertos».

Estas historias que estás a punto de leer son solo algunas de entre las miles, que he tenido al comunicarme con los guías de personas que conocí y que he atendido en sesiones privadas, talleres de formación o *readings* —conferencias en las que he participado—, y si las he seleccionado es porque dejaron una honda huella en mí, ya sea por lo increíble del evento en sí, o por el mensaje o enseñanza recibido. No hay un orden cronológico, como verás, pues las transcribo tal cual me las va recordando y transmitiendo mi guía.

Deseo que la información que comparto en ellas te ayude a avanzar en tu representación teatral personal, disfrutando de éxitos y logros, de dramas y comedias, que preparen tu vuelta a casa.

II

Los mensajes del mundo espiritual

Sesión 1

MORÍ COMO VIVÍ

En 1993, después de haber participado en un congreso de ciencias ocultas al que fui invitado para realizar sesiones, me di cuenta de que lo que me había mostrado Hamits años atrás era el principio de una trayectoria que, hasta el día de hoy, recorro siendo un puente más de comunicación entre este y el otro lado, el mundo espiritual.

En ese contexto, pude experimentar la libertad o, más exactamente, la liberación de culpas, de miedos, de apegos y de un sinfín de emociones asociadas al dolor que cientos de personas experimentaron al vivir una sesión de reencuentro con sus seres queridos que habían fallecido, y sentí que era el momento de aceptar la invitación que la vida y el espíritu me hacían.

Alquilé un pequeño apartamento donde empecé a realizar «sesiones de encuentro con el espíritu», como me gusta llamarlas, que he desarrollado a lo largo de casi tres décadas. En estas sesiones he aprendido mucho de los guías, que es como denomino a los espíritus que nos acompañan a lo largo de nuestro paso por la Tierra. No sé si, como la gran mayoría, te haces estas preguntas: ¿quiénes son estos guías? ¿Y por qué y de qué nos protegen? ¿Para qué nos guían? Deseo que todos los interrogantes reciban respuesta y aclaración con lo que voy a compartir ahora, que es el relato de mis encuentros con el espíritu, en los que he experimentado el milagro de la reunión con los guías.

Esta es la primera historia de la que quiero hacerte partícipe. Recuerdo que yo había acabado mi jornada diaria de sesiones y estaba a punto de marcharme, cuando escuché que llamaban a la puerta. Cuando abrí, vi a una mujer joven, de unos treinta y cinco años, muy nerviosa, que con voz temblorosa me preguntó: «¿Es usted el vidente Felipe?». «Sí, yo soy», le dije. «Mi nombre es Mari Carmen, deseo tener una consulta con usted», afirmó.

Le comenté que sí sería posible, pero no en ese momento, pues ya había acabado de trabajar ese día. Sin embargo, Mari Carmen me insistió y la vi tan nerviosa que accedí a atenderla. La hice pasar a la sala y la invité a tomar asiento.

Me transmitía una energía de mucho nerviosismo, así que le pedí que realizase varias respiraciones profundas. Su cara mostraba escepticismo y su actitud denotaba cierta incomodidad por estar en la sala en ese momento, así que cerré mis ojos y empecé a transmitirle lo que percibía del otro lado: «Escucho el nombre de Manuel», le comuniqué. Y en ese mismo instante abrí los ojos y vi cómo Carmen dibujaba en su rostro una expresión de asombro, de no dar crédito a lo que estaba pasando. Sus ojos verdosos, ahora dulces, reflejaban una enorme sonrisa cada vez que yo repetía: «Escucho el nombre de Manuel, dice que es tu padre. Este señor se me muestra en una imagen de cuando estaba en la Tierra sembrando, con una camisa blanca, un pantalón gris y un sombrero como de paja». Un llanto profundo y desgarrador brotó de Mari Carmen y decidí hacer una breve pausa. Ella, casi sin aliento, me dijo: «Es mi padre Manuel, murió el año pasado», y me pidió que siguiera hablando.

Le pedí que escuchara su mensaje, pues Manuel estaba deseoso de transmitirle una información que cambiaría la vida de su hija. «Gracias por transmitirle mi mensaje —me dijo su padre—, ella es una de mis cuatro hijas, hoy vengo a decirle que lo siento, que no supe hacerlo en ese momento.» Mari Carmen me interrumpió con voz de enfado, y exclamó: «¡Mi padre fue un hombre maravilloso!».

Le pedí que, por favor, escuchase el mensaje completo. Muchas personas no conocen cómo funciona la comunicación con el otro lado, que no siempre es fluida, a modo de una conversación, tal y como habitualmente entendemos esta. En ciertos momentos y según el estado de consciencia del espíritu, la comunicación es más o menos clara. Debo puntualizar que cuando hablo del estado de consciencia me refiero a que, cuando pasamos al otro lado como un cuerpo de energía, en ese nuevo estado seguimos experimentando que formamos parte consciente de la expansión infinita, de la consciencia del todo. Al igual que nacemos y aprendemos a caminar, a hablar, etcétera, en el otro lado experimentamos cambios que no solo se limitan a dejar el cuerpo físico, sino que aprendemos de acuerdo con el grado de evolución en el que nos encontramos, expandimos nuestra conciencia y nos proyectamos energéticamente, de infinitas formas, en ese y en otros planos de consciencia. Hay momentos en que los espíritus se presentan con forma física, tal como fueron en este plano; hay otros en que se presentan como una luz o, simplemente una silueta, o se comunican a través de una conversación, o transmiten sensaciones asociadas a palabras. La facultad del médium es canalizar esa información y transmitirla literalmente, pues debo decir que, por mi experiencia de tres décadas, siempre transmiten la información que precisamos para nuestro mayor bien, en cada momento.

En este caso, Manuel siguió explicando que él nació en el seno de una familia muy humilde, que pasó muchas dificultades para salir adelante desde su tierna infancia, que su único juego diario fue trabajar de sol a sol y que, cuando pudo tener su propia familia, todo fue igual y que, a pesar de tener una maravillosa mujer y cuatro hijas sanas, lejos de ser motivo de celebración, las responsabilidades bullían en su cabeza. La crianza de las hijas, los estudios universitarios, etcétera, hicieron que la búsqueda de recursos para poder hacer frente a sus deberes paternales se convirtiera en la cruzada personal de Manuel.

«Tu padre dice que su miedo más grande cuando estaba en la Tierra era morir —continué transmitiéndole a Mari Carmen—, y hoy viene a darte las gracias, pues cuando su cuerpo entró en parada cardiaca, después de un largo periodo de enfermedad por un cáncer de laringe que paralizó sus cuerdas vocales, no podía comunicarse verbalmente.»

Parecía una ironía que un hombre que por amor se había sacrificado por los demás desde su tierna infancia, no supiera decir «te amo», ni que una sola vez hubiera pronunciado frases como «qué orgulloso me siento de ti» ni manifestado cualquier otra expresión de amor, como un abrazo; sin embargo, en su último tiempo le tocó recibir cuidados y atenciones de su hermosa familia, pero justo en ese momento en el que lo que más le aterraba, la muerte, parecía ser lo más próximo e inevitable, no podía expresar ni una palabra.

«Esto me inundó de pena —me contaba Manuel— y en el día de hoy quiero decirle a mi hija que lo siento, que me equivoqué al no tener la valentía de decir "te amo"" porque cuando viví en la Tierra quería criar hijas fuertes que no me echaran en falta cuando yo no estuviera, y creí que no mostrando lo que sentía por ellas no sufrirían en el momento de mi muerte. Pero justo unos días antes de la parada cardiaca que sufrí, algo comenzó a cambiar dentro de mí. Como si fuera en un sueño, comencé a vislumbrar una luz que me mostraba unas siluetas que tomaron las formas de mis padres, quienes habían muerto junto con mi hermano Antonio. Fue como si todos los sonidos se apagasen y entrase en otro espacio. Mi madre me abrazó y me dijo: "Estamos aquí, amado hijo, para acompañarte a realizar este viaje, la vida te espera aquí, al otro lado, suelta y confía, porque ellas van a estar bien, a nuestro cuidado. Ya diste lo que pudiste, imprégnate de su amor y vuelve a casa. Aquí, juntos, esperaremos el momento de volvernos a reunir con ellas”. Aquel sueño me dio una profunda paz. Durante los siguientes días fueron sucediéndose esos encuentros con el otro lado y, sin darme cuenta, perdí el miedo a irme, hasta que justo un segundo antes de la parada cardiaca escuché una voz que me dijo: “Ahora es el momento” y me vi flotar mientras abandonada mi cuerpo físico en aquella cama de hospital, mientras escuchaba las voces y los llantos de mis hijas y de los médicos y enfermeros tratando de que volviera a mi cuerpo con técnicas de reanimación. Y sentí el profundo amor que sienten por mí. En aquel momento, una sensación de libertad y expansión me llevó a reunirme con aquellos que se disponían a acompañarme en mi aprendizaje de la vida en consciencia del Todo. Mis sentidos se fueron afinando hacia otra realidad, que era la de formar parte consciente del mundo espiritual.»

Hago un paréntesis en este punto para aclarar que muchos espíritus dicen que cuando su cuerpo estaba enfermo en esta Tierra y su mente aparentemente ida por la enfermedad, lejos de sentir sufrimiento, parecían estar en una especie de entrenamiento para adaptarse al otro lado como nueva forma de vida y que, en este entrenamiento, reciben la visita de sus familiares que partieron antes para guiarlos en el nuevo camino. Manuel no era una excepción. Así siguió narrando su experiencia:

«Vi a mi madre, a mi padre y a mis hermanos, que se habían ido antes que yo. Aparecieron con una hermosa luz que me abrazó y me invitaron a acompañarlos. Al principio pensé que eran los efectos de mi medicación, no podía entender qué sucedía, pero cada visita era más clara, más real, así que entendí que algo nuevo estaba sucediendo y que lo que tanto miedo me dio toda la vida, la muerte, no era como yo creía. Una a una las palabras que escuché en el otro lado describían el profundo amor que sentían estos espíritus que me animaban a que dejara la lucha por permanecer aquí en la Tierra, a que me dejara llevar. Entendí que, aunque me fuera, nunca me iría del todo, pese a que se había cortado un vínculo con la vida que estuve dispuesto a creer que era la única que existía. Quiero transmitirle a mi amada hija que no tenga miedo, que la muerte no existe, dile que la escucho y que sé lo que me ama y lo orgullosa que se siente de mí, quiero decirle que las amo: a ella, a mi maravillosa mujer y a mis otras hijas, que siento no haber parado un momento para decirles que las amaba, pero ahora quiero mostrarles que estoy aquí.»

En ese momento, Manuel expresó algunos secretillos familiares, cosas que solo ellos como familia sabían de sí mismos, con el fin de que Mari Carmen reconociera que era su padre quien estaba comunicándose con ella. Su rostro se iba serenando y, después de tantas lágrimas, mientras escuchaba el relato de Manuel, empezaba a dibujársele una sonrisa.

Casi al finalizar sus mensajes, hubo un momento en el que Manuel insistió: «Me equivoqué siendo presa de los miedos que colmaron mi infancia y os transmití el miedo a la muerte, pero lo peor fue transmitir el miedo a la vida, no os dije que os amaba, ni os abracé ni tuve un segundo para mostraros una sonrisa. Y hoy quiero decirte, hija, que me equivoqué, quiero decirte que os amo, que estoy vivo en otra frecuencia, pero vivo, que me siento orgulloso de tener unas hijas y una mujer y unos nietos a los que amo, y quiero transmitir que vivir en el miedo, en el apego, en la falta de alegría que os enseñé, aleja la comunicación entre ambos lados. Quiero liberaros de todos esos miedos y que sepáis que siempre estoy aquí, a vuestro lado, amándoos, escuchando, aprendiendo y enseñando, influyendo en vuestros pensamientos desde el amor y entrando en vuestros sueños, así que despedíos de esas emociones y sentid este amor infinito que sentimos los unos por los otros».

A lo largo de la sesión, aquella mujer tensa, desconfiada y con una aparente dureza de trato hacia mí se transformó en un rostro sonriente lleno de esperanza y de calma. En apenas cuarenta minutos, Manuel generó un mensaje que nos dejó una enorme enseñanza y que cortaría algunas de las cadenas del miedo, del apego y de un montón de emociones que nos alejan del estado de amor original, de nuestra verdadera naturaleza. Le damos una dimensión emocional a aquello que nos han transmitido y enseñado por siglos y que, desde luego, no pertenece ni se ajusta a lo que verdaderamente somos. Manuel nos explicó que, si nos vamos al otro lado con apego, frustración, miedo o energías pesadas, conectaremos en el mundo espiritual con esa frecuencia y deberemos trabajar en el otro lado para salir de esa oscuridad y que es importante que entendamos que esta ilusión que creemos que es la única realidad —o sea, la vida— es un regalo para todos los que nacemos en la Tierra. Si tenemos conciencia de esto y disfrutamos de quienes somos y de lo que nos rodea, pese a los desafíos que la vida nos presenta y nos marchamos con la sensación de gratitud, de paz, de alegría por el reencuentro con aquellos que amamos y nos esperan, conectaremos directamente con esferas energéticas de amor y de luz que nos acogerán para seguir en el camino evolutivo.

Sesión 2

«Y MI ÁNGEL VINO A VISITARME»

Habían transcurrido ya más de diez años de la apertura de mi consulta y me encontraba en Londres trabajando para una familia que me había contratado para hacer varias lecturas. Una de ellas quedó en mi recuerdo como un milagro de liberación.

Había hecho ya algunas sesiones ese día cuando entró en la sala Amanda, una mujer de unos treinta años que irradiaba felicidad y simpatía, con una larga melena rubia y unos ojos azul claro que, junto a aquella maravillosa sonrisa y a su figura esbelta, transmitía una energía muy bonita. Así que comenzamos la sesión y, tras explicarle el protocolo —que básicamente consiste en estar en silencio y escuchar—, comenzaron a presentarse varios familiares que ella había perdido y que le hablaron de un futuro prometedor en la medicina, algo que me consta que ha sucedido tal cual vaticinaron, pues hemos seguido en contacto.

Lo más sorprendente ocurrió casi finalizando la consulta, cuando se hizo presente una luz a modo de niño que llamó poderosamente mi atención. Decidí preguntarle mentalmente si deseaba dar algún mensaje y me dijo que sí. Le pregunté: «¿Quién eres?». Y me dijo: «Soy su hijo». En ese instante sentí desconcierto, pues a lo largo de la consulta los espíritus habían hablado de la situación sentimental de Amanda, pero no habían mencionado nada sobre un hijo. Se lo comuniqué a

Amanda: «Aquí viene un ser que dice que es tu hijo». Su cara cambió instantáneamente de una sonrisa a un rostro serio, y me dijo con voz algo escéptica: «No he tenido hijos, no tengo hijos».

Mentalmente, y confieso que, con cierto enojo, me volví a dirigir al espíritu y le pregunté: «¿Por qué me dices algo que no es cierto?». Cabe señalar que los médiums no somos adivinos, somos médiums, o sea, que nuestra facultad es poder comunicar con seres de otras frecuencias vibratorias y manifestar sus mensajes en este plano. Tengo también la facultad de predecir el futuro y la de ver, sentir y escuchar a los espíritus, pero no soy adivino, así que, volviendo a Amanda y a su guía, este prosiguió diciendo: «Sí, soy su hijo, estuve en su vientre, pero no llegué a nacer». Repetí literalmente cada una de las palabras que recibí en mi cabeza. La cara de Amanda se descompuso y su cuerpo comenzó a experimentar un ligero temblor, síntoma del nerviosismo que estaba sintiendo, así que le pedí que me dijera si quería que siguiera con el mensaje y me indicó que sí.

«Hace algunos años —continuó revelando el espíritu—, mi mamá me llevó en su vientre, pero no pude nacer y ella cree que fue por su decisión, ya que en aquellos momentos comenzaba sus estudios universitarios, y el miedo, las presiones familiares y el qué dirán los demás al saber que una joven se había quedado embarazada sin pareja aparente, le hizo tomar la dura decisión que la ha estado carcomiendo durante todos estos años, como una herida profunda que cada día le pesa más. Hoy vengo a decirle que estoy vivo, que siempre lo estuve y que siempre he estado a su lado, y que quiero que se libere de la culpa que lleva dañándola en su interior, pese a esa gran y hermosa sonrisa. Es hora de sanar la herida.» «¿Cómo sabes eso?», me gritó Amanda mientras levantaba su mano haciendo señales para me detuviese. Me detuve y ella solo repetía: «Dile que me perdone, dile que me perdone». Era realmente desgarrador escuchar sus sollozos y lamentos. Se hizo un profundo silencio durante unos segundos y proseguí: «Creo que es el momento de que te liberes de ese dolor y escuches a este ser». Amanda asintió con la cabeza y seguí transmitiéndole el mensaje de aquel ser que la rodeaba con una luz y un amor indescriptibles.

«Dile que estoy vivo en el otro lado, que todo está bien, que quiero hacerla consciente de que en muchas vidas hemos vivido juntos y hemos experimentado diferentes personajes. Y recuérdale que las almas nos encontramos en ese y otros planos a través de diferentes vidas. En esta existencia, su alma y la mía pactaron tener la oportunidad de crecer de manera espiritual, ella de esa forma y yo de esta otra, pero los pactos de almas en el plano Tierra rara vez se desvelan o se recuerdan, a menos que se realice la conexión espiritual que se produce cuando hacemos un trabajo interno, una escucha activa que proviene del adentro y no del afuera, pues vosotros todavía les dais demasiado poder a los hechos que sucedieron o incluso a los que creéis que sucederán y rara vez suelen estar presentes en el acto de SER en la vida, y eso hace que se esfume la intuición como lenguaje del alma. Por eso estoy aquí, para decirle que vivo, que la amo, que crecemos juntos y que sane de ese profundo dolor, pues ella no es culpable de nada, volveremos a conectar en el amor, ya lo estamos haciendo. Explícale que el camino es abandonar esa vibración de baja frecuencia que es la culpa, que ahora su frecuencia subirá tras la liberación que sucede al dejar atrás el sentimiento de pérdida. Dile que me gusta mucho el nombre que me iba a poner si hubiese nacido y que sí, que soy Ángel, su Ángel, y que ya es momento de conectar conmigo desde la alegría y no vivirme como un mal recuerdo, con culpabilidad.»

Al decir el nombre de Ángel, Amanda susurró en voz baja: «¿Cómo sabes su nombre?, ¿cómo sabes su nombre?». Luego, más recuperada de tanta emoción, me dijo que nunca había olvidado aquel día y que había cargado con la culpa hasta ese momento, y que, para calmarse, decidió creer que ese niño era su ángel en el cielo, y que como el ángel que era la perdonaría. Su sorpresa fue enorme al saber que no estaba equivocada, que su ángel estaba siempre a su lado y que desde que se dio la oportunidad le reveló que por amor sus almas pactaron el plan perfecto que haría que creciesen juntas espiritualmente. Por lo que he podido saber, ya libre de culpa después de esta sesión y de esta revelación, Amanda cambió su forma de percibir la vida y de percibirse a sí misma, ampliando su consciencia mucho más allá de lo que creía posible. Su sonrisa ya no fue solo externa, porque a ciencia cierta vivió la visita de su Ángel.

En la sesión, Ángel también explicó que las almas de muchos nonatos se quedan cuidando de sus padres. El alma siempre sigue el plan que ha trazado y, aunque nos creamos poseedores de la decisión de si alguien vive o no, no es más que otra de las ilusiones de vivir en una realidad dual en la que por momentos no caben la consciencia de la vida y del amor infinito. Cuando terminamos la sesión, Amanda me dijo que si me podía dar un abrazo y le dije que sí. Y, mientras lo hacía, me decía emocionada: «Gracias, gracias, gracias, ahora sí estoy en paz». Y en medio del abrazo la escuché susurrar: «Te amo y te amaré siempre, mi Ángel».

Cabe explicar que nuestro *yo origen* —esa parte de nuestra verdadera esencia que desde la conciencia del Creador diseñó el plan de experimentar la vida en este y en otros planos— pacta con otras almas en otros personajes para apoyarnos mutuamente y realizar este hermoso viaje juntos. En ocasiones, estas almas nos generan impulsos desde el amor, y otras, justo desde experiencias contrarias, con el fin de que recordemos quiénes somos y que formamos parte del tejido infinito de amor radiante en este plano Tierra dual. Al nacer olvidamos todo lo diseñado y, a veces, nos perdemos de la unidad de la que somos parte y creemos que la vida se limita al personaje que experimentamos. Y ya sea por amor o por apego, realizamos promesas, votos, pactos y acuerdos, olvidando que la palabra y la intención despiertan nuestro poder creativo y que, haciendo uso del libre albedrío, nos encadenamos, seamos conscientes o no, a planes que no partieron de nuestro *yo origen,* sino de promesas que quedan impregnadas en este plano Tierra a modo de memorias telúricas que nos frenan a la hora de hacer nuestro viaje a casa, que queda así postergado, pues la prioridad del alma es disolver esos votos, pactos y acuerdos. Esto hace que nuestro *yo origen* rediseñe junto con las almas nuevas experiencias resolutivas para proseguir con el plan superior original.

Por lo que explicó Ángel, esto es lo que sucedió con Amanda. En una vida de apego absoluto se prometieron amarse incondicionalmente para siempre, jurando que, si existían otra u otras vidas, se volverían a encontrar. Y así fue. Pero nuestros *yoes originales* siempre trazan un plan perfecto y, en este caso, para disolver el apego que ambas almas grabaron como una realidad absoluta, decidieron venir en esta experiencia para recordar al alma encarnada en la Tierra el poder creativo de la palabra, de la intención. Somos consciencia infinita, parte de un tejido indivisible que solo necesita experimentar el amor, pues ese es el alimento del alma, sin necesidad de votos, pactos, acuerdos ni, en definitiva, promesas que nos desvían de nuestro verdadero propósito original.

Sesión 3

EL DESPERTAR DE CARMEN

Eran alrededor de las siete de la tarde en Gran Canaria, en el mes de marzo del año 1993. Yo participaba en un congreso de ciencias ocultas en el que me habían contratado para realizar sesiones individuales, que empezaron a las diez de la mañana y a esas alturas de la tarde ya había atendido a unas cincuenta personas, pues se trataba de sesiones muy breves. Desde la cabina en la que trabajaba podía ver la fila de personas que esperaban su turno y pensé que quizá era el momento de concluir, pues me encontraba realmente agotado. Mientras pensaba en esto, me llamó la atención una voz que parecía venir de la fila, una voz masculina, como de un señor de avanzada edad y cada vez se hacía notar más y decía «todavía no, no cortes la fila todavía».

Me di cuenta de que era la voz de un guía espiritual y que solo la estaba escuchando yo, pero, por si acaso, miré a la consultante que tenía frente a mí y esta me miraba con una gran tranquilidad, a la espera de que comenzara su consulta, así que proseguí con ella y, una vez finalizada su sesión, avisé a las personas de la fila de que me iba a tomar unos minutos de descanso. Cuando regresé, entré de nuevo en mi cabina, me senté y allí estaba él. Era un señor vestido con una camisa blanca, una chaqueta de color gris y un pantalón negro. Llevaba puesto un sombrero y aparentaba haber partido a los setenta años. Me dijo que cuando vivía se llamaba José, que su hija estaba fuera haciendo la cola y pensando en marcharse por la dilatada espera. «Necesito que hable con ella —me dijo— está a punto de entrar en un estado crítico de salud y necesito que le diga que vaya al médico hoy mismo. Ella no te creerá, pero en un rato le entrará la duda e irá al doctor, así que te pido que la atiendas.» Lo miré, me sonreí y recordé que ellos, los espíritus, pueden sentir nuestros pensamientos, y que cuando pensé en terminar por ese día las consultas, él se dio cuenta de que su hija no tendría lugar para ser atendida. «Muy bien —le dije—, ¿quién es tu hija?» Y pude identificarla, pues me señaló a una de las mujeres que estaban esperando. «Lleva un vestido negro, mira, yo te indico», añadió. Salí de la cabina de nuevo y él se posicionó a su lado. Su nombre era Carmen, ya superaba con creces el número de personas que podía atender, así que me acerqué a ella y dije: «Disculpen, pero solo podré atender por hoy hasta aquí». Quedaban apenas tres horas para finalizar y ella ocupaba la trigésima posición, por lo que aún tenía por delante mucho trabajo.

Llegó finalmente el momento de atenderla y antes de comenzar me dijo con tono muy simpático, aunque nervioso al mismo tiempo: «¡Ay, qué suerte, qué suerte he tenido! Estaba ya a punto de irme, pero he oído hablar tanto de ti que, al ver que tuve la suerte de poder ser atendida, me quedé. Espero que me digas cosas buenas».

La verdad es que yo no recordaba lo que sucedió en esa consulta, pero diez años más tarde la vida nos hizo reencontrarnos en un congreso de ciencias ocultas en el que fui contratado como ponente. Carmen asistió esta vez como uno de los periodistas que cubrían la noticia, y no dudó en presentarse y contarme nuestro encuentro de diez años atrás.

Sucedió que quince minutos antes de comenzar mi conferencia sobre el más allá, salí un momento a tomar el aire y aclarar las ideas que estaba a punto de compartir, cuando vi a una señora que se acercaba sonriendo. Yo le sonreí también y me preguntó: «Tú eres Felipe, ¿verdad?». Le dije que así era y se me abalanzó dándome un enorme abrazo, repitiendo una y otra vez: «¡Gracias, gracias; gracias a ti estoy viva!». Sorprendido de nuevo, le pregunté a qué se refería, de qué nos conocíamos, y me relató nuestro primer encuentro aquella tarde. Carmen me recordó que en la consulta había aparecido su padre y le había dado su nombre, cosa que no siempre sucede en las sesiones, solo cuando los guías espirituales lo desean, no depende de mí como canal. Muchas veces lo hacen porque el mensaje que darán es tan importante que aportando este detalle parece que las personas ponen más atención. Lo que su padre le comunicó era de una vital importancia para Carmen, pues José le insistió en que cuando saliera de la sesión se dirigiera sin más dilación al médico de urgencias, ya que ella no lo sabía, pero tenía un grave problema de salud que si era atendido pronto, se convertiría en una anécdota, pero en caso contrario generaría una grave e irreversible enfermedad.

Carmen se extrañó de ese mensaje. Desde luego, no era lo que ella esperaba oír. De hecho, en nuestro segundo encuentro, diez años después, me confesó que no me había creído, pues en la sesión su padre le habló también de que en un futuro se separaría de la que era su pareja estable en ese momento y le comunicó que debía estudiar algo relacionado con comunicación, pues ella trabajaría en televisión. Carmen me decía: «Aquel día me hablaste de cosas que sucedieron y otras que están sucediendo, pero lo más milagroso del mensaje que me transmitiste de mi padre y que me salvó la vida fue cuando me dijiste que fuera ese mismo día a Urgencias y que me examinaran. Ciertamente yo me quedé muy desconcertada y pensé: "¡Dios! ¿Y todas estas horas esperando para esto?". Pero seguiste hablando y hablando y todo lo que decías cuadraba, era como si me lo estuviera diciendo mi padre, con su forma de expresarse, con sus palabras. En fin, que salí de la consulta y fui a buscar a mi hermana, que me esperaba en una cafetería mientras yo estaba en la sesión. Cuando le conté los mensajes, me preguntó: "Pero ¿te duele algo?". Le contesté que no, que, además, tú me habías dicho que era algo ginecológico y que yo estaba bien, pero como soy un poco hipocondriaca fui a Urgencias diciéndole al doctor que tenía un dolor muy fuerte, como menstrual, pues no podía decirle que un médium me había enviado allí. Me hicieron varias pruebas y cuál fue mi asombro cuando me dijeron que me tenían que operar de urgencia, que tenía un cáncer de útero y que si operaban de inmediato podría salvarme, pues estaba en un punto crítico, pero a tiempo. Y así fue, Felipe, como el mensaje de mi padre hizo que los médicos me salvasen la vida. El médico incluso me comentó que había tenido suerte de aparecer en el momento justo y decidí contarle la verdad de lo acontecido. Él, con mirada perpleja, me dijo que ya le podía dar gracias a esas cosas porque estaba curada de algo que podría haberme costado la vida».

La verdad es que cuando Carmen me narraba su experiencia, le pregunté a Hamits por qué ella se salvó y, en cambio, los espíritus no salvan a todo el mundo. Hamits me sonrió y dijo: «El espíritu siempre apoya nuestra existencia y el libre albedrío permite cambios en lo que vosotros denomináis destino. En el caso de Carmen, su aprendizaje, su unión con su parte espiritual, su despertar, comenzaban por un milagro y así ha sido. El espíritu tiene muchas manifestaciones que apoyan nuestro despertar espiritual y la humanidad está en ese despertar; a veces, de uno en uno, y, en otros momentos, en despertares colectivos. En este caso, su milagro ha despertado a cientos de personas y despertará a miles y cientos de miles más, pues cada vez que se da la oportunidad, Carmen transmite su historia».

Sesión 4

SANAR EL ÁRBOL FAMILIAR

Me encontraba en Bogotá en mayo de 2014 y una chica llamada Gloria asistió a mi consulta. Ya me disponía a hablarle de lo que percibía espiritualmente cuando me dijo: «Quiero darte un regalo de parte de mi madre».

Me entregó un paquete y le di las gracias con cara de asombro, pues no recordaba haber visto nunca a esta persona y no tenía idea de quién era su madre. Mi cara de desconcierto era imposible de disimular —cosas del directo, como diría un buen amigo mío—, así que Gloria continuó explicándome que su madre estaba fuera del país, que no había podido asistir personalmente y que la había enviado en su nombre. Le pregunté entonces quién era su madre y me dijo que yo no la conocía, así que ya puedes imaginarte mi sorpresa. Entonces me aclaró que hacía unos meses yo había impartido una conferencia en la que al final realicé un *reading* o lectura en directo, que consiste en dar mensajes que recibo de los guías y los espíritus a algunos asistentes, de manera aleatoria, tras obtener su aceptación y permiso. Al parecer, esta muchacha estuvo allí, y me contó lo siguiente:

«Cuando usted se dispuso a dar mensajes al público, me preguntó si quería recibir mi mensaje. Le respondí que sí y me habló de mi abuela materna. Me dijo que ella quería darme un mensaje muy importante, que mi madre no estaba en Colombia, sino en Nueva York, y que cuando llegara, debía ir al doctor, pues estaba muy enferma y no lo sabía. Me explicó que a ella le dolía mucho el estómago, pero no quería ir al doctor y para que su vida se alargara debería operarse, y que todo saldría bien. Así que tan pronto como salí de la conferencia, me comuniqué con mi mamá y le comenté todo lo que me había dicho usted. Yo no era consciente de que mi abuela había muerto a una temprana edad, cercana a la de mi mamá ahora mismo, y que a mi bisabuela le había sucedido lo mismo. Mi mamá me dijo que sí, que era cierto que llevaba tiempo con un fuerte dolor de estómago, pero que había decidido no ir al doctor porque creía que le sucedería lo mismo que a mi abuelita. Tan pronto como llegó de Nueva York, y después de conversar mucho con ella, decidió revisarse. Tras muchísimas pruebas y ya en el oncólogo, supimos que tenía un principio de cáncer de colon, lo cual nos dejó devastados a mi mamá y a todos en la familia. Sin embargo, Felipe, aquellas palabras transmitidas en aquel auditorio donde mi abuela me dio el mensaje a través suyo nos llenaron de esperanza y de fe, así que mi madre decidió operarse y la verdad es que hasta el día de hoy el resultado es que la enfermedad remitió y mi madre está llena de vida».

Esta era la razón por la que la madre de Gloria seguía de viaje y ella venía en su nombre: una información que, sin duda, me alegró enormemente. Pero lo más mágico de todo estaba aún por suceder, ya que proseguimos su sesión y se presentó de nuevo su abuela materna. Le dio las gracias a Gloria por haber conseguido alargar la vida de su madre y le explicó, además, que generaciones atrás, su tatarabuela, una mujer llena de salud y de responsabilidades, había muerto muy joven tras una extraña enfermedad abdominal y que este evento generó en la familia un dolor que no se pudo superar, ya que las grandes responsabilidades familiares de la tatarabuela no le dieron tiempo ni lugar para la queja. Ni su dolor ni su sacrificio eran un secreto, pero su entorno seguía demandándole, su casa era una especie de posada que la familia frecuentaba y la responsabilidad de nueve hijos a su cargo no le permitían tener espacio para el cuidado personal, hasta que un día su bazo reventó y le produjo una hemorragia interna por la que moriría. La trágica pérdida produjo un profundo dolor y culpabilidad en la familia, que interiorizó lo sucedido en silencio, generándose tal nudo familiar que, como un nuevo código espiritual, creó una cuenta pendiente de sanación en la familia, que repetiría el hecho cuantas veces fuese necesario hasta sanar la herida. Y así fue, varias mujeres del sistema familiar partieron antes de alcanzar los cincuenta y cinco años, víctimas de enfermedades que se manifestaron y no fueron atendidas rápidamente.

Así entendí cómo se creaban los desórdenes sistémicos, ya que en lugar de honrar la muerte de aquella tatarabuela que experimentó el sacrificio, en vez de aprender a perfeccionar su existencia amándose a sí misma, se decidió ensombrecer la situación con culpa y dolor. Donde debía haber honra y consciencia, creamos deudas pendientes de sanar. El caso de Gloria y su madre, en combinación con sus familiares que residen en el mundo espiritual, fue la oportunidad para crear una nueva impronta en el sistema familiar: la de vivir libres de cargas y miedos tras honrar aquel evento, dándole solución a través de la medicina no solo física, sino del alma. Gloria y yo aprendimos en su sesión lo importante que es estar despiertos a las señales, que todo se puede sanar, que no estamos supeditados a sufrir y que nuestros guías familiares crecen junto a nosotros. Podemos sanar el alma cuando estamos dispuestos a recibir el mensaje que nos llega, da igual el lugar y la forma en que se produzca, en un auditorio o en una parada de autobús.

Después de concluir la jornada laboral en Bogotá, le pregunté a Hamits cómo es posible que muchas personas hayan podido evitar eventos negativos y otras tantas no, y por qué algunas personas pueden cambiar su destino y otras no. «No es eso, Felipe —me dijo Hamits—. Imagina que el mundo es una obra de teatro donde nacen millones de actores cada día con la capacidad de encarnar a un personaje y que ese personaje ya ha experimentado otros muchos papeles anteriormente y ahora viene, inconsciente de ello, a esta nueva representación. Imagina también que este personaje viene con un guion escrito por partes, trae un código genético que no solo le puede predisponer a un carácter, una condición física, etcétera, sino que, además, trae consigo un código energético que tiene que ver con aquellas representaciones anteriores y con su sistema familiar. Y es inconsciente de todo esto y se focaliza tanto en su personaje, que olvida la libertad de no representar un papel establecido por un sistema de creencias adquiridas a lo largo de su representación y, totalmente desconectado de su ser y guía interno, vive una supuesta realidad a la que es fiel su personaje. Ese actor simplemente repite un guion sin posibilidad de cambio. Por el contrario, otros actores conectan con su ser, aunque sea por momentos, y —haciendo uso de esta conexión— se dan cuenta de que la obra es importante por la oportunidad de representar, pero también de que el guion se puede improvisar. Esta idea puede sobrevenir en cualquier parte de la vida de cualquier persona, es como un despertar momentáneo que libera al individuo de un plan establecido por uno mismo y nos conecta con la oportunidad de ser conscientes y de reescribir el guion.»

Hamits añadió: «Debes entender una cosa, Felipe, cada persona nace con un código energético, un código genético, un cuerpo físico, mental, psicoemocional, etcétera. Cuando nacemos, venimos con el plan de vivir una vida espiritual en un plano físico, contenidos en un cuerpo físico. La esencia del todo decide experimentarse como un ser individual conectado con el todo, pero cuando alguien nace en el plano físico, olvida ese plan como oportunidad de experimentación. Dicho de otra manera: el alma traza un plan de vida que el individuo puede experimentar, aunque este no lo recuerda, y la propuesta es la alineación del alma y del individuo en una perfecta unión de guía y guiado. El individuo tiene la libertad de alinearse o no. Siendo conocedor de la unión —y esto pasa por el autoconocimiento, la observación de uno mismo libre de juicios, de crítica y de expectativa— es cuando se da el viaje de la vida, pero cuando el individuo se debate en la autocrítica, los juicios, etcétera, entra en lo que el espíritu denomina *ilusión del dormido,* entonces es cuando el individuo genera la soledad de la dualidad, cuando todo se hace denso, cuando la frecuencia del miedo se hace manifiesta y nubla la comunicación con el todo y se generan las no vivencias. Cada ser toma forma o nace con una motivación definida, que es la de experimentar el estado original, el amor en el mundo físico, en la vida. Los seres nacen con un sinfín de capacidades y de recursos y con un impulso natural que nos arroja a un plan de vida bien definido y, además, con la intuición, la poderosa herramienta que poseemos y que es la llave de la comunicación con el todo, con la consciencia. Este plan del alma es como un código energético que, al igual que el código genético, predispone a los seres humanos a experimentar una serie de eventos que sucederán según evolucionen a través de su trabajo personal para su crecimiento espiritual. Como ves, *todo* y *nada* están definidos por la autonomía del ser, pues, tras la experiencia de la infinita vida, el todo nos ama, nos envuelve y nos nutre en la expansión de la consciencia».

Sesión 5

UN MENSAJE LIBERADOR

Después de unos meses viajando por diferentes ciudades y países, realizando talleres, conferencias y sesiones privadas, decidí que necesitaba un tiempo de descanso, de modo que me tomé una semana de vacaciones que aprovecharía también para realizar un curso en la ciudad de Barcelona, donde vivía.

El hotel donde se impartiría el curso estaba relativamente cerca de mi casa, así que todos los días iba y venía dando un paseo. La verdad es que estaba feliz de aprender más sobre tecnología de la comunicación, y que hacerlo me estaba permitiendo descansar mi mente de la presión del trabajo y de los viajes de los meses anteriores. Pero el tercer día, de camino a casa, noté una presencia espiritual cerca de mí. No podía verla, solo notaba su energía y decidí preguntarle a Hamits qué ser estaba rondándome y qué quería. Hamits, para no variar y como en muchas ocasiones, no dijo nada de nada. Asumí que era una entidad que quería transmitirle algo a alguien y me sentía incómodo, pues me temía que en el momento más inverosímil me tocaría visitar alguien y explicarle que un fallecido me estaba diciendo esto o aquello, algo que, honestamente, me genera estrés cuando me convencen de que lo haga.

En fin, llegué a casa y cuando estaba a punto de cenar, lo vi. La imagen de un hombre joven se presentó y me dijo: «Me llamo Luis». Le pregunté mentalmente: «¿Qué quieres de mí?». Me respondió: «En el lugar donde estás estudiando se encuentra mi padre y quiero que le des un mensaje».

Mi primera reacción fue decirle: «No, gracias, ha sido un placer», pues me imaginé dirigiéndome a una persona desconocida que se encontraba en el hotel para darle un mensaje que no me había pedido. Además, estaba seguro de que hasta escuchar el mensaje íntegro, me estaría tomando por loco, eso en el caso de que decidiera detenerse a escucharlo. Después de imaginarme tremendos escenarios, mi respuesta seguía siendo no. Sin embargo, Luis me dijo: «Espera, mi padre está estudiando el mismo curso que tú», así que me tranquilicé y accedí a ayudarle con la condición de que se fuera y no regresara hasta el momento en que me indicara quién, cuándo y qué mensaje debía transmitir.

Y, finalmente, llegó la ocasión de cumplir mi palabra con Luis, el espíritu que de manera ansiosa deseaba compartir su mensaje con uno de los asistentes al curso.

Tras la clausura del evento, recogí mis cuadernos de notas y me dirigí al bar de la terraza del hotel, tuve la suerte de poder ocupar la única mesa libre y me senté deseando disfrutar de un refresco en soledad, pues las jornadas del curso habían sido un tanto agotadoras y me apetecía tener en silencio mi cabeza durante unos minutos, así que inspiré mientras me servían la bebida y sonreí diciéndome a mí mismo, «¡disfruta Felipe!». De pronto, se acercó un matrimonio que también estaba realizando la formación, con el que había intercambiado alguna mirada amable y más de una sonrisa complice, eran Daniel y Cristina. Ella me sonrió de manera pícara al ver que estaba sentado yo solo a una mesa para seis personas, así que con un sutil gesto les invité a compartir la mesa, me lo agradecieron y tomaron asiento. Quizá ya estés imaginando quién apareció por allí al cabo de unos minutos. Efectivamente, Luis, el espíritu al que prometí transmitir su mensaje. Se colocó justo detrás de Daniel, el esposo de Cristina. Traté de hacerme el desentendido con Luis, esperando que creyera que no podía percibirlo en ese momento, pero su espíritu entró en conexión conmigo y escuché en mi mente: «Sé que me ves y me escuchas, él es mi padre —refiriéndose a Daniel—, es médico y no cree en nada del mundo espiritual». Enojado con él por ponerme en semejante situación, le dije irónicamente: «Tú sigue poniéndomelo fácil».

Debo decir que soy una persona más bien tímida y que, además, en lo que se refiere a la comunicación con los guías, trato de no transmitir los mensajes de los espíritus a sus allegados a no ser que estos últimos me lo pidan directamente. Me parece muy violento decir: «Hay un espíritu aquí que quiere comunicarse con usted», sin embargo, y pese a que no me gusta hacerlo, estaba en ese tipo de situación un tanto incómoda en la que debía decir algo así como: «¿Qué tal les ha parecido el curso? A propósito, no sé si les he comentado que tengo la capacidad de ver espíritus». ¡*Wow!* En fin, lo haría por Luis, ya que lo percibía con mucha necesidad de comunicarle a Daniel, así que le dije mentalmente a Luis: «Allá vamos. ¿Qué le quieres transmitir a tu padre?». Me respondió que había partido hacía dieciséis años junto a su madre, quien rápidamente se incorporó también a la reunión. «Nos fuimos al otro lado a consecuencia de un accidente de coche —continuó—. Mi padre conducía a muchísima velocidad. En el accidente, mi hermana y él se salvaron, y ambos, pero sobre todo mi padre, viven en una culpa constante que los consume y que les ha borrado cualquier pasión por la vida. Nos gustaría que le hables de nosotros, que le transmitas nuestro mensaje.»

No obstante, antes de poder empezar a transmitir el mensaje de Luis, se incorporaron a la reunión otros espíritus, sin embargo, estos acompañaban a Cristina, así que le adelanté a ella los mensajes de sus allegados: «Hay un señor que se llamó Ramón y una señora que se llamó Elena...». Por suerte, estos espíritus me dieron sus nombres y todo tipo de detalles con pelos y señales sobre cómo estaba siendo la vida de Cristina después de su partida, y la ayudaron con sus mensajes a abandonar una poderosa culpa por su creencia de que quizá no había hecho todo lo posible por cuidar de sus padres tras la larga enfermedad que ambos padecieron, la cual pondría a prueba el amor y la paciencia de cualquier ser humano.

Cristina había superado esa prueba con creces dándoles amor, tiempo y cuidados. Como profesional de la salud que era, mejoró aún más la calidad de vida de sus padres, pero vivía en una tristeza y en una falta de aprobación hacia sí misma por esa culpa. Sus padres la liberaron de esta sensación cuando le revelaron su estado de conciencia, donde viven su amor y su unión. Como bendición hacia ella le regalaron el mensaje de liberación que necesitaba para volver a la vida, y desde luego que lo hizo.

Después de transmitirle el mensaje a Cristina, Luis me dijo que era hora de que habláramos con Daniel. «Yo fui siempre el hijo rebelde —empezó a contarme—, el que le acarreaba quebraderos de cabeza a toda la familia, pero mi padre era quien me castigaba y me echaba broncas. Vivíamos en una riña constante, y cuando se supone que yo comenzaba a tener la cabeza en orden, pasó aquel accidente. Mi padre sigue su vida terrenal y nosotros no, pero la vida aquí continúa y él no lo sabe. Por favor, dile que estamos a su lado, que no hay nada que perdonar, que no hemos muerto, que vivimos espiritualmente a su lado, pero que el dolor y la culpa por las riñas, por cada enojo, le están privando de buenos momentos, ya que inunda su vida con la rabia por haberse quedado él ahí y nosotros no. Y la verdad es que para nosotros se había acabado el tiempo y por eso nos marchamos. La forma no es más que una excusa para justificar el paso al otro lado, su mente científica no le permite creer en sus sueños, donde nos aparecemos, ni en los susurros que a modo de intuición le generamos, por eso estamos aquí hoy, para darle la prueba de que estamos a su lado, que le acompañamos y que nos encontraremos de nuevo, para decirle que ahora es el momento de volver a vivir e iluminar la vida de los muchos seres a los que ambos ayudan a través de lo que hacen.»

Después de transmitirles estos mensajes, las caras de Cristina y de Daniel se iluminaron, la vida y la esperanza se adueñó de ellos. Desde ese día se forjó una amistad entre nosotros y hemos vivido y compartido muchos momentos en los que he podido ser testigo de grandes cambios en sus vidas, que a su vez han generado cambios en las vidas de otras muchas personas, transformaciones que han sido posibles después de su conexión con el mundo espiritual.

Hay que entender que nos inocularon la culpa, grabándonosla a fuego, y cuando los espíritus nos aclaran que no somos culpables y que lo que nos sucede responde a un cúmulo de acciones generadas por decisiones tomadas en la vida actual y planes que determinamos experimentar como aprendizaje, la culpa, al igual que muchas otras emociones de baja densidad, se disuelve, y esto, a diferencia de lo que pensábamos en el pasado, nos acerca a Dios. Cuando los espíritus nos dan esta nueva lectura sobre la culpa, nos liberamos al instante.

Sesión 6

TIEMPO DE CRECER Y DE VIVIR

Me encontraba en Bilbao en el 2009. En ese tiempo trabajaba en el gabinete de mi amigo Enrique, y hacía un día oscuro y fuertemente lluvioso. De camino, comencé a sentir nerviosismo y una ansiedad tremenda, que se agudizaban a medida que me acercaba al lugar de trabajo. De pronto, escuché a Hamits decir: «Felipe, respira hondo, esa sensación no es tuya, esa energía con la que estás conectando es de la persona que está en la sala de espera». En ocasiones empatizo con las emociones de otras personas si no genero mecanismos para que esto no suceda. Me ha costado muchos años controlar estas situaciones, pero aun así me sucede, de modo que respiré y respiré para sosegar mi energía y realizar en calma las sesiones.

Cuando pasé por la sala de espera la vi. Era una mujer de mediana edad, unos cincuenta y cuatro años, con la piel muy blanca y con cara de ser alguien realmente muy agradable. Una vez entré en el despacho, la invité a que tomara asiento y le pedí que escribiera su nombre y su fecha de nacimiento en una hoja que le facilité, una acción que me sirve de vehículo para conectar con los guías espirituales. Una vez que me dio ese papel con su nombre, María, cerré mis ojos un instante y vi a un hombre de mediana edad que se acercaba desde el mundo espiritual y se posicionaba justo detrás de ella. Me sonrió y me dijo: «Soy su marido, necesito que la ayudes, ella quiere morir y no es su momento. ¿Entiendes lo que digo?».

A todo esto, María me observaba fijamente con cara de terror y hasta que volví a mirarla no me di cuenta de que había comenzado a temblar de una manera preocupante. Le pedí que, por favor, hiciera varias respiraciones pausadas y se calmara, que escuchara lo que le iba a decir y que se sintiese en la libertad de interrumpirme en cualquier momento. Entonces proseguí y le expliqué: «Aquí veo a un hombre que me dice que es su marido, me comenta que partió en un accidente de carretera». María comenzó a llorar y a hiperventilar. De nuevo le solicité que respirase profundamente y que exhalase lentamente. Poco a poco, empezó a dibujarse en su rostro una dulce serenidad mientras se apaciguaba su nerviosismo.

Unos segundos después, me dijo: «Estoy bien, te escucho». Me centré de nuevo en su guía y entendí que este necesitaba transmitir el mensaje con la mayor claridad posible para ayudar a María. Los espíritus hacen un esfuerzo energético para comunicarse; soy consciente de eso y trato de prestar toda la atención, pero hay ocasiones en las que su mensaje va acompañado de una sensación como de urgencia, de necesidad imperiosa de dar luz a nuestras vidas que, en algunos momentos, sin saber por qué, está cegada por las sombras.

Su marido me contó que durante veinticinco años habían sido muy felices juntos y que sus caracteres habían congeniado muy bien desde que se vieron por primera vez, pero que María tenía un carácter dominante y era un poco caprichosa, y había marcado el ritmo de la relación. Entendí que lo que traía a María a la consulta era la trágica pérdida de su compañero, cuyo nombre era Julián, que enseguida me transmitió: «Dile que ella no fue culpable de mi muerte». Me repetía una y otra vez «dile que ella no fue la culpable». María lloraba y lloraba, y Julián volvió a insistir: «Ella no tuvo la culpa». Le pregunté mentalmente a Julián qué es lo que había sucedido y me mostró una escena en la que veía a María discutiendo con Julián porque este no quería salir a comprar algo para picar mientras miraban la televisión, pues Julián no se sentía bien para conducir el coche hasta el pueblo. Tan insistente fue María que, finalmente, Julián accedió y, de camino al pueblo, su coche colisionó con un camión y murió en el acto. En ese momento, Julián me dijo: «¿Entiendes por qué es tan importante que sepa que partí, pero que estoy aquí a su lado, y que conozca que partí en el momento que tenía que ser y que tenía que marcharme?».

Cuando le dije esto, María rompió a gritar diciendo: «¡Tengo la culpa, sí tengo la culpa!». Le pedí de nuevo tranquilidad y se calmó. Julián seguía explicando: «Ella no es culpable, era mi momento, dile que la amo y que la espero en el otro lado, pero que ella está viva en el mundo terrenal y que debe vivir. Dile que durante mil vidas hemos vivido juntos amándonos de muchas maneras y que, en esta, el plan era que yo partiera primero y ella debía seguir su crecimiento de manera individual, aprendiendo a amarse a sí misma. Dile que mi partida no fue por su egoísmo, sino por mi amor, para que ella cumpla su plan divino acompañada por mi amor desde aquí y que he sido muy feliz con ella y que quiero que use su memoria para recordar lo que compartimos y que esto sea una fuente de vida para ella, y que deje de castigarse por algo que no hizo».

María siempre vivió a la sombra de su pareja, posponiendo cualquier compromiso con ella misma y responsabilizando a su esposo de todo, tanto positiva como negativamente. Su alma se había aletargado con su falta de compromiso y su esposo, o —mejor dicho— su alma, esta vez había generado el plan de marcharse antes que ella para que María despertase a la vida por sí sola. Sin embargo, con esa actitud victimista no parecía que María lo consiguiera. Se había convertido en una muerta en vida y nuevamente, por amor, por puro y genuino amor, su compañero de viaje en la vida reaparecía en la sesión para empujarla a salir adelante por ella misma, mostrándole los recursos de los que disponía y transmitiéndole información y pautas para que pudiera no solo resolver sus asuntos pendientes, sino para ayudarla a sacar lo mejor de sí con el fin de compartirlo con el mundo. Después de todo, esta era su oportunidad de no seguir repitiendo una y otra vez el antiguo patrón de conducta que la autolimitaba y la encerraba en un dolor que, alimentado por la queja, la había convertido en una caricatura de sí misma. Ahora era el tiempo del cambio. Y ya lo creo que hubo transformación.

En aquel momento, María se levantó, me abrazó y me dijo: «Sé que es él quien te habla», pues Julián le mencionó también una carta que ella le escribió y algunos otros detalles íntimos. Al finalizar la sesión, ella me confesó: «Me va a costar digerir todo esto, pero sí, he entendido que debo vivir y ahora que sé que está a mi lado y me ama, esto me calma».

Unos días después, mi asistente me pasó una llamada de María. Estaba feliz, parecía otra; de hecho, lo era, y me comentó: «Después de pensar y pensar una y otra vez en lo que me transmitiste, te doy las gracias. He podido reconciliarme conmigo, con Julián, mi marido, e incluso con Dios. Creo que ya toca volver a la vida. Mil gracias. Y dile a Julián que lo amo». Por supuesto que le dije que así lo haría, y se rio como una niña ilusionada.

Sesión 7

REGRESO A TI

Me desperté sobresaltado en mitad de la madrugada con el nombre de Gabi en la cabeza. Miré el reloj y eran las 5:22 horas. Volví a cerrar los ojos para conciliar de nuevo el sueño cuando escuché como en un eco lejano: «Me acabo de ir». Gabi es de esas personas que consideras familia del alma, es como una sobrina para mí, hija de una de mis amigas más próximas. En esos momentos se encontraba viviendo en otro país y hacía tiempo que no hablábamos, así que cuando escuché esto, me centré y vi a un joven con una gran estrella de luz que me decía «ayúdala». Esa imagen se esfumó y, pasadas unas horas, llamé a Raquel, la madre de Gabi, y tras saludarla le pregunté: «¿Qué ha pasado con Gabi? Ayer vi a un joven que partió como en un accidente y me dijo que la ayudara». Se hizo un silencio y, a continuación, Raquel me explicó: «Anoche murió la pareja de Gabi en un accidente, Felipe».

En ese momento conecté con la pena y la frustración de Raquel al tener a su hija Gabi tan lejos y al imaginar el dolor que estaría pasando mi queridísima amiga. Entendí que su pareja conectó conmigo para que la ayudase, pues a él le tocaba hacer su tránsito al otro lado. Cuando pude hablar con Gabi, le comuniqué lo que había sucedido esa noche, y ella, que es muy racional, parecía no entender lo que yo trataba de transmitirle, pues el dolor de la pérdida de su novio la inundaba, hasta que después de un rato de conversación me preguntó: «¿Y a quién dices que viste?». Fue entonces cuando de nuevo volví a verlo y me pregunté cómo era posible que se acabara de marchar y pudiera ya comunicarse tan bien.

Me di cuenta, entonces, de que Hamits estaba haciendo de puente entre Oliver y yo para hacer posible esa comunicación. Volví a hablar con Gabi: «Veo a un chico como de unos veintisiete años, está vestido como un surfero y me dice todo el tiempo que está bien, que es alucinante lo bien que se encuentra». Me dio la impresión de que cuando estaba en la Tierra, Oliver no tenía ni idea de que existía el más allá. Hamits me hacía llegar la vibración de Oliver y yo le transmitía la información literalmente a Gabi, mientras ella me iba confirmando cada detalle. «Él debió de ser muy carismático —le dije—, da la sensación de alguien que estaba muy enfocado en sus objetivos, pero que al mismo tiempo sabía disfrutar de la vida, y me muestra una sonrisa de esas que son capaces de venderte hielo en el Ártico.» Y Gabi se rio y me dijo: «Sí, era un caradura, seducía con su carácter y su sonrisa para convencerte de lo que él quería». Pude escuchar la sonrisa y la respiración de Gabi y, acto seguido, fue como si se hubiese quitado un peso de encima.

Proseguí con el mensaje y le dije: «Siento cuando conecto con él que su nuevo estado es una aventura que quiere disfrutar al máximo, con ganas de aprender sobre el funcionamiento de esta nueva expansión de consciencia». Al mismo tiempo, a través de los mensajes que pude recibir teniendo a Hamits como puente, Oliver me transmitía la necesidad de consolar el corazón de su amada Gabi. Me di cuenta de que el chico había entendido que aquel trágico accidente marcaba su paso al otro lado y que lo envolvía el bienestar por haberse encontrado con la realidad de que la vida proseguía y que lo que consideramos muerte es solo un cambio de estado. Estaba fascinado con ese descubrimiento y ahora quería que todos lo supieran, en especial Gabi. Se lo transmití a ella tal cual y me respondió: «No me extraña, es un novelero, como decimos en Canarias, así que me lo imagino feliz queriendo conocer hasta el último detalle, pasándoselo bomba mientras aprende, ya que me lo has descrito tal y como es... —y se atrevió a decir por primera vez su nombre—, como es Oliver». Gabi ya no lloraba y escuchaba atentamente. Dejó de referirse a Oliver como a un muerto que había desaparecido y en su mente tan racional estaba dando por hecho que su amado vivía —vive— en otro estado, conectado con todos los seres a los que amó.

Las conversaciones entre Gabi, Oliver y yo fueron sucediéndose diariamente durante unos meses. A Gabi y a mí nos separaban unos diez mil kilómetros y, por la diferencia horaria, yo la llamaba casi en la madrugada, cuando era la tarde para ella. Sabía a qué hora salía del trabajo y estaría en casa. En esas transmisiones y mensajes, Oliver le hablaba sobre cosas que ella le había hecho, a modo de homenaje, en diferentes partes del país y con diferentes personas, ya que por el trabajo que ambos desempeñaban y por su carácter abierto muchas personas de distintos lugares querían honrar su paso al otro lado. Oliver me contaba cosas sobre las que yo no tenía ni idea, no sabía nada de lo que Gabi organizaba y, además, ella trataba de ocultármelo para ver si yo le nombraba algo de lo que estaba sucediendo. Y así era, Oliver me contaba todo y me habló también de señales que le enviaría desde el más allá. Recuerdo que un día me dijo, medio riéndose: «Como Gabi es tan cabezota, dile que sí, que ahora puedo hacer lo de ese pájaro blanco que quiere ver en su dormitorio como prueba de que estoy con ella». Muchas cosas que solo ambos sabíamos se fueron cumpliendo en esos meses. «Ya le advertiste de los juegos que hago con las luces de su casa desde el otro lado en el que me encuentro y, aun así, sigue erre que erre, con que quiere más pruebas.» Yo me tuve que reír, pues Oliver me contaba todo con mucha gracia y mucho arte, como dirían en Andalucía. Él entendía la necesidad de Gabi y ahora había aprendido a dar señales desde el otro lado y quería hacerle ese regalo. Como era de esperar, Gabi me preguntó: «¿Cuándoooo?» y con un toque algo ácido Oliver me dijo: «¿Quieres recordarle lo del apego, por favor?», y se echó a reír.

Debo decir que, en mi experiencia como médium, percibo que los espíritus irradian una energía de felicidad. Muchas veces son serios y contundentes en sus mensajes, pero es enorme el amor y la compresión con la que nos ayudan y colaboran. Su influencia es una guía para nuestro desarrollo en esta oportunidad de experimentación que llamamos vida. Uno de los mensajes más contundentes, o por los que se suelen poner serios, es sobre cómo manejar el apego, y en este sentido Oliver era muy estricto con Gabi. Habíamos hablado de esto anteriormente Hamits, Oliver, Gabi y yo, y ella sabía que es preciso dejar marchar, pues la sensación de pertenencia nos hace sufrir cuando alguien parte y tenemos la idea errónea de que no lo veremos más o de que todo se acabó. Estos pensamientos generan el deseo y la necesidad de agarrarnos al dolor, como si fuese lo único que nos une con esos seres amados que partieron, pero es una ilusión que nos aleja de poder sentirlos, ya que la sensación de dolor no nos permite conectar con nada que no sea sufrimiento.

Cuando me toca explicar esta cuestión, uso esta analogía: «Imagina que los espíritus son como una melodía clásica armoniosa que somos capaces de escuchar cuando estamos en paz. Los médiums podemos percibir notas, fragmentos o melodías completas. Ahora, imagina que las distintas emociones o sensaciones que experimentamos los seres humanos son música; que la alegría, por ejemplo, es una bachata, o que la añoranza es un tango, y que el miedo, la culpa y el apego son respuestas emocionales que generan mucha densidad, como el *heavy metal*. Así comprenderás que, si la música de fondo es armónica, sutil y casi imperceptible, podremos percibir con claridad, pero si es fuerte y estridente es imposible percibir nada». Gabi seguía recriminándole a Oliver y él insistía, una y otra vez, en enviarle señales.

Al fin llegó el día. Gabi me llamó muy temprano, llena de alegría, casi ni la podía entender. Me hablaba de un pajarito blanco en su dormitorio. La verdad es que habían pasado unas semanas desde que Oliver le dijo que se lo enviaría a modo de prueba y debo explicar aquí que de la información que recibo cuando contacto con los guías, el 90 por ciento no la recuerdo un segundo después de darla, pero ella me refrescó la memoria: «El pájaro blanco que me dijiste que Oliver me enviaría», exclamó. Sin saber de qué manera, pues según Gabi las ventanas de su casa estaban cerradas, cuando despertó vio un pequeño pajarito blanco que se había colado en su casa y se había posado justo en la tabla de surf de Oliver, que Gabi guardaba en su dormitorio como un recuerdo muy importante del amor que compartía con su amado novio por ese deporte. Allí halló el mensaje que tanto pedía.

Son muchas las personas que establecen conexión con sus guías espirituales cuando ya han superado la partida y se involucran en su desarrollo espiritual. En ocasiones, cuando lo consideran necesario, los guías generan estas pruebas. A través de esta experiencia y de las varias conexiones que establecimos con el otro lado, Oliver y los guías ayudaron a Gabi a convertir aquella trágica pérdida en el principio de un fascinante camino de autoexploración y crecimiento. Entendió que Oliver, un ser carismático, amoroso y alegre le transmitió todo esto como herramientas para que la muchacha, que antes de vivir esta historia de amor era tímida, apocada, excesivamente racional y se infravaloraba continuamente, se transformara en una mujer con fe en sí misma, según la nueva visión de la vida que su amado Oliver le mostró y que le sigue mostrando con ese amor infinito que se profesan, animándola a seguir experimentando su estancia en la Tierra desde la plenitud, y no desde la sensación de vacío y pérdida.

Tanto es así, que Gabi entendió que, pese al gran amor que se profesaban, su propia estancia en la Tierra le da la oportunidad de vivir no solo el amor con otras personas nuevamente y en otras formas, pues su vínculo amoroso con Oliver es una unión sagrada que seguirá vibrando en el nivel de sus almas, sino que la ayudará a crecer y desarrollar diferentes proyectos en la vida, aconsejada por él, hasta el punto de que, actualmente, ha creado exitosas empresas que la unen más a él, gracias a la energía y a la pasión por la vida que Oliver le transmitió durante su estancia en la Tierra.

Sesión 8

DISOLVER LOS PACTOS

Me encontraba viajando por América cuando recibí una propuesta para regresar a Bogotá a trabajar por unas semanas, y vi que tenía disponibilidad. Me fui allá, y cuando llegué supe que, solo unos días antes, alguien del equipo que me ayuda en la organización de las sesiones, talleres y conferencias había perdido a su pareja en un accidente de tráfico y estaba de baja, de modo que era muy probable que no la viese. Decidí entonces enviarle un mensaje diciéndole que yo estaba en Bogotá y que contara con todo mi apoyo, y también le propuse vernos.

Margot —que así se llama— es alguien muy especial para mí, así que, después de que aceptara nuestro encuentro, lo organicé en mi día libre para dedicarle todo el tiempo. Solo hacía una semana que Efrén, su pareja, había fallecido y yo no tenía ni idea de si iba a poder conectar con él. Hay que decir que, en la mayoría de las sesiones, prácticamente en un 95 por ciento de los casos, se dan los encuentros con los guías que esperamos, pero también puede no suceder así y que se presenten otros guías, familiares o no, que colaboran activamente en el proceso que estamos viviendo en ese momento.

No supe nada de Margot hasta que ella llegó. En el momento en el que abrí la puerta, vi que el desconsuelo y un profundo dolor habían embargado aquel bello rostro con el que siempre me saludaba, y es que con ella nunca se sabe si sonríen sus ojos o su boca, pues es una mujer muy linda —diría que es mágica—, así que le di un fuerte abrazo que ella recibió como agüita de mayo. Y en ese momento escuché: «Dile que estoy aquí, Felipe, dile que soy Efrén, ella está muy mal porque no se pudo despedir de mí. Un día antes del accidente ambos teníamos una sensación extraña, como si no nos fuésemos a ver nunca más, fue raro, parecía que algo nos estaba avisando. Ella me dijo que no fuera a trabajar ese día, que no montara en la moto; sin embargo, yo, que tenía también esa mañana una extraña sensación, pensé que eran tonterías. Margot siente mucho dolor y mucha culpa, pues piensa que, si hubiera insistido más, ahora estaría ahí, con ella. Dile que no, que no es cierto. Y que quiero que esté bien. Dile que no hace falta despedida, pues yo estoy aquí a su lado, amándola».

Al transmitirle cada una de las palabras que me decía Efrén, podía observar cómo cada una de ellas sonaba como un bálsamo para Margot. Pude ver y sentir cómo la vibración de Efrén se hacía más presente en ella, y ella iba razonando las palabras que sabía que, por la forma de expresión y por los términos que usaba, venían directamente de Efrén. No sé cuántas horas transcurrieron en ese encuentro, pero recuerdo que él le explicó que sus almas se habían encontrado en la Tierra como pareja una y otra vez, y que en esas vidas se juraron volver a encontrarse y volver a amarse. Hicieron lo que los espíritus llaman *acuerdos de almas, pactos* o *votos.*

Debe saberse que nuestra palabra tiene poder, que nuestros pensamientos alineados con la palabra y con el estado emocional adecuado generan las realidades que vivimos. No somos conscientes del poder que tenemos como cocreadores de nuestras vidas. Muchos libros sagrados hablan de esto, por ejemplo, en el hinduismo se dice que el mantra *om* creó el universo, que su vibración, unida a la intención del creador de experimentarse desde el profundo amor, dio vida a la vida.

Nosotros formamos parte del todo y somos cocreadores de nuestra experimentación, y es por eso por lo que los espíritus nos alientan a estar atentos y a que seamos impecables con lo que decimos y elegimos sentir, para que cocreemos en armonía. Esta armonía se distorsiona cuando, inconsciente o conscientemente, cocreamos energía en distorsión, y los votos, pactos y acuerdos lo son. Por eso, los espíritus nos hacen conscientes de lo que cocreamos en algún momento de la existencia, no juzgan si está bien o mal, simplemente nos ayudan a deshacer los nudos que creamos.

Efrén le desveló una información que ella pareció conocer —o reconocer— en su interior, pero a la que no sabía dar explicación. Con cada palabra que decía Efrén, todo iba cobrando sentido para ella. Él recordó que cuando se vieron por primera vez, en una celebración de su barrio, ambos se miraron a los ojos, se sonrieron y fue como si se reconociesen, ambos sintieron que iban a ser el uno para el otro, algo que se confesaron desde el primer día en que comenzaron su noviazgo. Se complementaron a la perfección, a pesar de que los dos tenían una personalidad bastante fuerte, eran —de hecho— la pareja perfecta, así los llamaban sus allegados y familiares. Es verdad, también, que tuvieron que superar ciertas barreras o inconvenientes que la vida nos tiene preparados a todos a modo de experiencias, y ellos supieron generar los recursos necesarios para comprometerse y prepararse para formar una familia. Su comunicación era tal que parecía que se leyeran el pensamiento el uno al otro, de ahí el profundo dolor de Margot. Según el estado de consciencia en el que ahora se encontraba Efrén, toda esa magia se debía a que sus almas habían vivido muchas vidas en diferentes escenarios, y con diferentes personajes en vidas anteriores aquí en la Tierra. Sus almas se reconocían y se unían, tal como había pasado en aquella ocasión.

Tantos reencuentros, en tantas vidas, se debían —según Efrén— a que en la primera vida en la que experimentaron su encuentro, sus personajes habían hecho un pacto de amor: juraron encontrarse una y otra vez, por siempre, y lo hicieron con tanta intensidad que, sin ser conscientes, crearon o grabaron una memoria en su alma que, sin saberlo, se convertiría en una repetición. Efrén no valoró si esto estaba bien o no, solo le explicó que en esta vida se encontraron con el fin de desatar aquella antigua promesa. Al pasar Efrén al otro lado y ver desde otra consciencia, Margot supo que era hora de que esa promesa fuera extinguida y para eso uno de los dos tenía que estar en esta dimensión y ser consciente de lo que Margot iba a aprender en este plano físico, al entender la necesidad de que la energía que se distorsionó volviese al equilibrio.

Efrén explicó también nuestra razón de ser en la Tierra de esta manera: «Imagina que la vida es un gran escenario donde miles, millones de actores que pertenecen a un todo, tienen la oportunidad de existir relacionándose desde el amor y la compasión, para reconocerse y así experimentar más y más partes del todo desde un amor infinito. La participación en ese escenario es un regalo, pero cuando salimos a escena olvidamos por completo el guion, que está integrado en nosotros, aunque no lo recordemos. A algunos les da entonces por improvisar, a otros por copiar, a otros por dirigir, o por ser dirigidos, otros se paran y se escuchan, se encuentran y fluyen. Tú y yo quisimos representar los mismos papeles, aunque con diferentes personajes, y ahora toca conocer y desarrollar otros diálogos, otros personajes, sabiendo que siempre estaremos unidos, pues ya nos reconocemos en el todo». En otras palabras, Efrén daba por hecho que sus almas siempre estarían conectadas, siempre, pues el amor que se profesan había hecho que, donde se encuentren, estén juntos.

Margot me comentó que todo lo que le transmití sonaba muy extraño, pero que reconocía cada palabra, que en lo más profundo de su ser sabía sin saber por qué. Y fue entonces cuando Efrén le habló de su futuro: «Conocerás a quien será tu próxima pareja, con quien tendrás una hija y un hijo. Serás muy feliz y yo te acompañaré en todo ese proceso mientras realizo el mío aquí, en el mundo espiritual, y nos volveremos a encontrar en este plano cuando llegue el momento. Por eso es importante que dejes de llamar a tu muerte para estar a mi lado; es importante que te quites el enojo con la vida por haberme ido, es el momento de que dejes la pena atrás por no haberte despedido de mí. No hace falta, yo estoy aquí contigo, te amo: suelta el dolor y comprende que tienes la oportunidad de experimentar otras partes del todo desde el amor, y sé que lo vas a hacer porque estoy aquí para guiarte. Te amo».

A lo largo de las horas que pasamos juntos, Margot fue una montaña rusa repleta de subidas y bajadas emocionales. Al terminar nuestra reunión, me pregunté a mí mismo si realmente había podido ayudarla con la traducción del otro lado, y mis dudas se despejaron al sentir el profundo abrazo que me dio. «Gracias, gracias —me dijo—. No sé si es lo que quería escuchar, aunque sí estoy segura de que es lo que necesitaba mi alma. Me voy no solo con paz, sino con la sensación de una liberación de algo antiguo que no sabría cómo explicar, pero que siempre llevé dentro.» Al irse, Margot me transmitió la sensación de sanación que la llenaba tras la comunicación con su guía.

Cuando nos quedamos solos, le pregunté a Hamits sobre esta sesión que habíamos realizado y me dijo: «Como ya bien sabes, la vida en la Tierra es una oportunidad de que miles de millones de fragmentos del todo se experimenten como un ser individual, de sentir la consciencia infinita desde una inconsciencia inicial». Como me pareció un trabalenguas, le pedí que me lo explicara de otra manera —muchas veces bromeo con Hamits y le digo que me lo cuente «para todos los públicos», recordándole que aquí las cosas no se ven tan claras como allá—. Hamits añadió: «Lo que en la Tierra denominas *alma* es ese fragmento que viene con el único propósito de experimentar la consciencia. Viene con el diseño perfecto de un personaje que nacerá inconsciente de todo ello. A través de la experimentación del amor hacia uno mismo y hacia lo que comprenden la vida y el mundo, su propósito es experimentar esa consciencia del todo. Experimentará diferentes escenarios y personajes que apoyen este propósito. Esos escenarios son diferentes vidas que el alma decide manifestar, y los personajes que la apoyan son otras personas u otras almas con forma física que despertarán, en el plano humano, amores, antipatías, pasiones..., desafíos que, en lugar de vivir desde el amor o la compasión conscientes, generan energía discordante por la desidia emocional del plano Tierra. Por ejemplo, imagínate que en una vida pasada fuiste un monje que, en la consciencia de aquel momento, creíste que había que llegar a Dios (y actuaste en consecuencia, creando para ello), en lugar de ser consciente de que la separación de Dios es la ilusión, pues no puedes separarte de lo que te compone. Pero en esa vida creíste que para llegar a Dios el camino era el sacrificio, la autotortura y la negación de que eres parte de la divinidad que te creó, y decidiste hacer pactos de pobreza, pactos de renuncia a la vida, etcétera. Y viviste esa experiencia estableciendo convicciones que no solo te impidieron llegar a Dios a través del código original de conciencia, que es el AMOR, sino que, además, generaste una memoria telúrica que quedó pendiente de equilibrar por este ensayo de prueba/error que es la vida. Dicho en otras palabras, cuando vivimos en la ilusión de la separación del todo, cuando no somos capaces de reconocer nuestra naturaleza espiritual y combinarla con nuestra parte mental, emocional y física, con el fin de SER en lugar de COMPRENDER solamente, obviamos el potencial del don con el que se nos ha provisto: el poder de la palabra, combinado con la intención, con una emocionalidad adecuada y con nuestra mente como aliada, que pueden hacer que el velo caiga y nos sintamos unidos a eso que nos nutre para dar forma a nuestra existencia de manera creativa, desde el sentir. O podemos, desde el desconocimiento de nosotros mismos, generar realidades que no solo nos influyan en la vida presente, sino que queden como tareas pendientes que solucionar, desde el reconocimiento del propósito original».

Comenté con anterioridad que, en el hinduismo, por ejemplo, se dice que el sonido *om* es el poderoso mantra con el que el Creador dio lugar a la existencia. En todas las filosofías que he podido estudiar, se habla del profundo amor del Creador y de su propósito de experimentarse creando así la vida. Es momento, pues, de usar esa capacidad de cocrear nuestro propósito original tomando conciencia de nuestro poder. Por eso, cuando nos prometemos amor eterno, cuando vivimos, en lugar de experimentarlo como un apego o un desapego absolutos, de acuerdo con esto o con aquello, o con lo que aprendimos, nos detenemos un momento para experimentarnos a nosotros mismos y fluir, el juramento es como una especie de «maldición» que se verbaliza con tanta intensidad y con tanta fuerza que todas esas distorsiones se quedan pendientes de resolver. Así que entendí que Efrén, desde el amor y la consciencia del otro lado, disolvió junto con Margot la distorsión que los unía para permanecer unidos dondequiera que se encuentren, a lo largo y ancho de la existencia.

Sesión 9

HOGAR, DULCE HOGAR

El guía de Dulce conectó conmigo rápidamente. Se presentó como una mujer de unos sesenta años y me describía el último periodo de su estancia en la Tierra. Me mostró que había partido a consecuencia de un cáncer de hígado que había hecho metástasis en varias partes de su organismo, y que, en el momento en el que partió, la familia estaba dividida a consecuencia de una casa que habían heredado ella y sus hermanas, entre las cuales se contaba Dulce. Aquella casa familiar fue el hogar donde vivieron la infancia y la adolescencia, hasta el momento de casarse. Y, más allá de los altibajos que cualquier familia puede pasar, había sido un hogar lleno de amor y de armonía..., pero luego se había convertido en motivo de disputa y separación familiar.

Mientras le contaba a Dulce todo esto que Teresa —el espíritu guía— me relataba, su cara se descomponía en llanto y asentía con su cabeza. La culpabilidad que sentía se hacía presente tímidamente, hasta que su hermana Teresa me dijo: «Transmítele que estoy bien y dile que lo siento mucho. Mi hija no dejó que ninguna de mis hermanas se despidiera de mí, dile que no tengo nada que perdonarles, que sigo viva de otra manera y que quiero calmar ese dolor que entre todas nos causamos de manera innecesaria, igual que al resto de la familia. Dile que recuerde lo felices que fuimos siempre y que deje de torturarse con la idea de que debió evitar el conflicto, como si de verdad lo hubiese podido evitar. Dile que todavía están a tiempo de terminar con esta guerra familiar».

Al parecer, Paola —que era la hija de Teresa— había tomado las riendas de la defensa de su madre como heredera y las disputas continuaban, así que Teresa, desde el plano espiritual, seguía calmando a su hermana Dulce y enviando y proponiendo amor como solución al conflicto. De pronto, me dijo: «Mira quién se acerca para hablar». Y vi a una señora de edad avanzada con una gran melena blanca que me transmitía un carácter muy seguro. Parecía severa, aunque no rígida, y me dijo: «Soy su madre, vengo a decirle que la amo, que amo a cada una de mis hijas. Vengo a transmitirles que actúen en libertad». Cuando dije eso, Dulce me miró con cara de no entender el mensaje, así que le pregunté a su madre: «¿Libertad?». Y ella respondió: «Sí, libertad, mis hijas creen que vender la casa sería la solución del conflicto, pero no lo hacen pues les invade la pena, pensando que a nosotros no nos hubiese gustado que lo hicieran, y vengo a darles la libertad para que lo hagan, porque la única realidad que perdura en el paso de la Tierra al mundo espiritual es el AMOR. Los elementos que conforman la realidad que vosotros percibís solo son vehículos que apoyan la experiencia; sin embargo, las vivencias se graban y fluyen infinitamente. Tu hogar es el lugar donde sientes ese amor cuando reproduces en tu mente cada vivencia, y estas no pueden dejar de sentirse o, peor aún, de distorsionarse. Por lo que discuten no es un hogar, solo es una casa. Y es momento de venderla». Cuando miré de nuevo a Dulce —pues mientras tenía lugar la transmisión yo tenía los ojos cerrados para concentrarme fuertemente en el mensaje de su madre—, noté su liberación.

Aprendí en esta sesión que las formas de apego para mantener el recuerdo de un ser querido pueden ser jaulas de oro que nos mantienen en un recuerdo doloroso. Con el fin de mantenerlos aquí presentes, nos agarramos y apegamos, y esto limita nuestra capacidad de acción, pues el apego no deja lugar a nada, sino al bloqueo de nuestra energía. El mensaje de Teresa lo dejaba muy claro: «Suelta, llénate de lo que te hace vibrar de amor, pues es la manera de que ese mismo amor que sigue vibrando traiga la comunicación con el otro lado».

Cuando Dulce escuchó que su madre conocía su pensamiento de vender la casa familiar, y supo que, además, no solo conocía la intención, sino que la aprobaba, sintió una sanadora sensación de libertad. Los mensajes le hicieron entender que ese «hogar, dulce hogar» no está en esta o en otra casa, en este o en aquel lado, sino donde el amor permanece.

Tiempo después supe que, en efecto, se solucionó el problema, al igual que en otros muchos conflictos que he podido ver en los que se generaba discordia familiar y el mensaje de los espíritus ayudó a aclarar la situación, a resolver de forma constructiva el conflicto para que dejemos de sufrir y de generar distorsiones, respetando siempre el libre albedrío y las decisiones que tomamos.

Sesión 10

«¿ELLOS ESTÁN AQUÍ? PUES DILES...»

Las sesiones que quiero compartir contigo en este capítulo fueron un tanto peculiares —milagrosas, a mi entender—, ya que cada una de las tres, que tuvieron lugar para la misma persona en un espacio de dos años, me generó un gran impacto.

Acababa yo de presentarle a Elena los guías espirituales que venían acompañándola. Era su primera consulta conmigo y la verdad es que traía aspecto de enfadada, venía con cara de pocos amigos. Le dije que veía a una mujer joven, de unos cuarenta y cinco años, que me mostraba haber muerto en un accidente, y que repetía y repetía la palabra *hermana*. Elena me confió: «Sí, mi hermana murió en un accidente». Se la describí, pues el espíritu me enseñaba características físicas y Elena me dijo de nuevo: «Sí, es ella», con un tono de voz fuerte y algo jocoso que, no sé por qué, me resultaba muy extraño. De buenas a primeras vi a otros dos espíritus, su madre y su padre. En este caso, el señor me dio el nombre de Pedro y se lo transmití. Y Elena me dijo: «Sí, es mi padre, se llamaba Pedro. ¿También está aquí?». Le dije que sí, y que su madre también estaba presente. Se hizo un silencio de unos segundos y me preguntó: «¿Ellos me oyen?». Aproveché para contarle que los espíritus viven en otro formato, por decirlo así, y que en la frecuencia en la que ellos vibran nos pueden escuchar y sentir, y que, además, interactúan con nosotros siempre, y que sin que lo sepamos influyen en nosotros energéticamente y nos apoyan cuando les pedimos ayuda para nuestros retos en esta vida. Cuando acabé de comentarle esto, me insistió: «Pero ¿en este preciso instante me escuchan?». Y le volví a contestar que sí.

Cuál fue mi sorpresa al ver que Elena empezó a insultar a su madre, a su padre y a su hermana como si ellos fueran la fuente de todos sus males. Quizá no me conozcas personalmente y estés leyendo mi libro, así que te cuento que tengo mucho carácter, pero que, sin embargo, soy también alguien muy tímido, y en ese momento no supe cómo reaccionar a lo que estaba viendo y escuchando. Mi cara debía de ser un poema, pues cuando Elena me miró, trató de justificar los insultos contándome lo malos que habían sido en vida con ella. En medio de tanto estrés escuché a Hamits decir: «Felipe, pídele que realice respiraciones profundas, y que, ya que se ha desahogado, que ahora escuche».

Su madre, como portavoz de todos los espíritus presentes que la acompañaban, comenzó diciendo que tenía razón, que cuando ella estuvo en la Tierra no supo hacerlo. Elena había sido la más pequeña de sus cinco hijos, la habían criado como la hija que sería la responsable del cuidado de sus padres en el futuro, así que sin haber contado con ella habían trazado su destino: en sus planes, no podría casarse, debía estudiar enfermería y ser una perfecta ama de llaves, por decirlo así. Y todos los mensajes que recibió en su niñez, a diferencia de sus hermanos, fueron llamadas de atención y la cargaron con un exceso de responsabilidades que no correspondían a su edad. Además, esos deberes no le permitieron un desarrollo psicoemocional adecuado. Esto generó que su carácter rebelde la llevara a tomar decisiones que experimentó como fracasos: estudió algo que no sabía si le gustaba y que ahora rechazaba enérgicamente, y su matrimonio apenas había durado dos años, dejándole dos hijos a su cargo después de abandonarla su única pareja. Todas las afirmaciones negativas que sobre todo su madre le decía, como que Elena no estaba hecha para tener un buen hombre o un hogar, o que sería un parásito que viviría del patrimonio familiar toda su vida, se habían convertido en realidades que amargaban la existencia de Elena y de sus hijos. Ahora, en cambio, su madre y otros espíritus familiares pedían disculpas, pues sus miedos a la soledad en la vejez contribuyeron a forjar para Elena una realidad que la hacía sufrir, y ella mostraba su peor cara al mundo, aislándose cada vez más de sí misma y del resto.

Con cada mensaje que recibía, parecía que una nueva parte de Elena comenzaba a nacer. Entre lloros, me detuvo y me dijo: «Gracias, toda mi vida he pensado que estaba loca. No entendía por qué mis padres y mis hermanos actuaban de esa manera conmigo, no me lo merecía». Yo prestaba mientras tanto mucha atención, porque su madre y los demás espíritus pedían su permiso para ayudarla a elevar su vibración y desconectarla del dolor a través del entendimiento y del perdón para ellos y para sí misma. Elena exclamó: «¡Por favor, ayudadme!», y vi cómo los espíritus que la acompañaban, junto con Hamits, actuaban energéticamente en su frecuencia, o sea, en su energía.

Muy a menudo veo esto en las sesiones. Una de las cosas que me diferencian como médium es que, además de que mi facultad me permite conectar con los guías espirituales y ver el pasado, el presente y el futuro de las personas o de las situaciones que se plantean en la consulta, a través de mi canal de conexión los guías me usan como instrumento y utilizan mi energía para manifestar cambios en los otros. Por eso, miles de personas afirman que la vida les cambió en una sesión en la que participé como médium. No quiero decir con esto que yo sea un hacedor de milagros o que tenga la solución a los problemas de todo el mundo, ni muchísimo menos, sino que en la mayoría de las sesiones los guías espirituales modifican nuestra energía liberándonos de muchas energías pesadas. En algunas personas se generan cambios a través de los mensajes de los guías; en otras personas, se generan otros; unos son quizá más notables y perceptibles para nosotros y para quienes nos rodean, otros tal vez lo sean menos: pero siempre hay cambios.

Elena inició un nuevo camino con las indicaciones que le dieron sus guías. Pude comprobarlo, pues un año después volví a hacer sesiones en la ciudad donde reside. Uno de los días, entró en mi despacho una señora a la que le pregunté si era la primera vez que venía a la consulta. Me dijo: «Pero ¿no sabes quién soy?». Le dije sinceramente que no y le pedí que tomase asiento. En la sesión volví a conectar con su hermana fallecida y con sus padres. Yo, la verdad, no recordaba la sesión anterior, me sería imposible guardar en la memoria todo lo que sucede en las sesiones por la cantidad que realizo anualmente. Esta vez, Elena no insultó a nadie, todo lo contrario, sus espíritus guías, además, la alentaban y motivaban, pues al parecer había generado grandes cambios en sí misma y, en consecuencia, en su manera de experimentar la vida, lo que se estaba traduciendo en muchos logros personales.

Cuando estábamos finalizando la sesión y sus guías le estaban proponiendo tener en cuenta ciertas indicaciones, Elena me dijo: «Quiero darte las gracias. Mi vida ha cambiado y en parte es gracias a ti, pues hace un año estuve aquí...». Fue entonces cuando me narró la consulta anterior y recordé aquellos insultos. Y me sorprendí. No solo había cambiado su manera de percibir y experimentar la vida, sino que su rostro era el de alguien feliz, alguien sereno, que transmitía buena energía. Nada que ver con la persona con la que un año antes me había entrevistado. Su vida se había transformado y, por fin, realizaba con placer su trabajo de enfermera, se había sanado a sí misma. Con la ayuda de las lecturas y los ejercicios recomendados en la sesión anterior, con la visita a un terapeuta —como le indicaron sus guías—, y con sus mensajes desde el otro lado, aquella mujer que renegaba de la vida, que odiaba vivir, se transformó en una persona que ayudaba a los demás sintiéndose feliz. Luego supe, por una tercera sesión, que conoció a alguien que hoy en día es su pareja y que, tal como me dijo la última vez que nos vimos, aun sabiendo que la vida tendrá aprendizajes agrios, ahora sabía concentrarse «en disfrutar lo dulce de la vida».

Sesión 11

YAYI, EL ESPÍRITU DE LA NATURALEZA

En uno de mis muchos viajes a África, recibí uno de los mayores regalos que la vida me ha podido hacer, y este fue el encuentro con Yayi.

Llevábamos unos días en Lomé (Togo) y estábamos ya finalizando nuestro viaje por diferentes países. Un pequeño grupo de personas había organizado una ruta a lugares mágicos y sagrados, y encuentros con chamanes con unas capacidades de conexión con el mundo espiritual fuera de lo común. Fue entonces cuando recibí la invitación de la máxima autoridad de una región para que fuese a visitarlo, ya que le habían hablado de mí y quería conocerme. Disponía de unos días para mi descanso, así que acepté la invitación y viajamos durante día y medio hacia sus territorios.

Recuerdo que llegamos bien entrada la noche y allí estábamos, en una especie de mansión enorme a la que habíamos sido invitados mi equipo y yo. Nos acomodaron para que descansásemos y, ya al día siguiente, nos entrevistáramos con nuestro anfitrión. Y eso hice: me tumbé en la cama después de tomar una ducha para relajarme y dormir plácidamente, pues el viaje había sido muy intenso.

Al día siguiente, después de desayunar, me reuní con el jefe local. A través del traductor que me acompañaba, me transmitió su deseo de que compartiese mi habilidad de conexión con el mundo espiritual (de la que tanto había escuchado) con un grupo de unos quince invitados suyos, después de la cena que había organizado. Accedí y decidí que haría un círculo de mensaje, o sea, una reunión donde el médium, en lugar de hacer una consulta general a cada participante, canaliza a los guías de cada una de las personas presentes en la reunión y, durante unos minutos, les da mensajes que estos reconocen y con los que toman conciencia de quién los guía y en qué contribuye esa guía, por así decirlo.

Llegó la noche, y allí estábamos mi traductor y yo al frente de aquel grupo de personas que esperaban sus mensajes, entre ellos, el jefe local que nos había invitado, que parecía muy interesado en que comenzara haciendo mi demostración con él. Debo explicar que los círculos de mensajes comienzan con el primer espíritu que enlace con mi canal de conexión con el otro lado, y que esto imposibilita que sea yo quien escoja a la persona a la que empiezo a dirigirme, así que aproveché para que mi queridísimo traductor, Kuyu, explicase esto a todos los presentes, lo cual me tranquilizó.

Le pedí a Hamits que me ayudara a abrir esa sesión y comencé a dar los mensajes a cada uno de los invitados. El ambiente se tornó conmovedor, al ver a padres e hijos desde el otro lado comunicarse con los asistentes, hasta que llegó el turno de la última persona que faltaba por recibir sus mensajes, que no era otro que el anfitrión de dicha reunión, al que fui dándole los mensajes de sus espíritus guías y familiares. Sin embargo, su cara, aunque denotaba felicidad, por una parte, por otra parecía mostrar desconcierto, pues esperaba algún mensaje más de algún otro espíritu. Fue entonces cuando se dejó ver un poderoso espíritu que yo ya conocía: el espíritu de la naturaleza, también llamado de la Madre Tierra, o de los cuatro elementos, según las diferentes culturas o creencias.

Aquel hombre, que había cursado sus estudios en Francia, había luchado porque su comunidad entendiese que cuidar la naturaleza no es devastarla para luego producir una recuperación. Por ello, invirtió gran parte de su patrimonio en construir infraestructuras que nutriesen de agua y alimentos a su población. Fue para mí un verdadero honor conectarlo con aquello que él esperaba, pues el espíritu de la naturaleza, que se fue manifestando con mayor fuerza, comenzó a darle las gracias y lo invitó a desarrollar una conexión especial con las plantas y con los seres que viven en los cuatro elementos, e incluso le hizo consciente de que aquella voz que escuchaba dentro de su cabeza no era otra que la guía de la Madre Tierra.

A medida que iba profundizando en el mensaje, sus ojos se iban aguando, y cuál fue mi sorpresa cuando el espíritu de la naturaleza tomó la forma de una hermosa águila que volaba energéticamente a su alrededor. Acto seguido, una especie de antílope albino se hizo presente, y entonces Yayi dio un grito de alegría diciendo: «¡Son ellos, son mis amados amigos!». En un principio pensé que esta representación animal se refería a su nagual, como dicen los chamanes americanos, sin embargo, los guías dijeron que ambos espíritus lo acompañaban, y que lo esperaban en el mundo espiritual.

El hombre comenzó a dar gritos de celebración y bailó unos minutos. Explicó a mi traductor que ambos animales habían sido criados con él, que eran animales que su padre había rescatado enfermos, ya a punto de morir, cuando él era niño, y que se habían convertido en sus amigos, en sus compañeros de infancia. En su adolescencia, él había abandonado el continente africano para recibir su formación académica en Francia y, cuando terminó su especialización y regresó a su país, ambos amigos habían muerto y un profundo pesar había calado en él; hasta ese día, había sentido una desazón que nunca le había confesado a nadie. Ambos seres —águila y antílope— le explicaron que el espíritu de la naturaleza es quien nos acoge, acompaña y guía en nuestra existencia en la Tierra; que las plantas, los vegetales, los minerales y los animales son el espíritu en diferentes formas de expresión y que este nos guía y nos acompaña colmándonos de amor. Cuando un animal se vincula, o nos vinculamos emocionalmente con ellos y estos pasan al otro lado, mantienen esa consciencia vinculada a nosotros y nos acompañan, nos guían, forman parte de nuestra familia del alma y su espíritu se muestra en las sesiones o incluso nos dan señales de su compañía.

Yo conocía bien al espíritu de la naturaleza, pues desde que tengo uso de razón he conectado con la energía que los chamanes denominan nagual, esa fuerza espiritual del mundo natural que nos guía espiritualmente para nuestro autodescubrimiento. Pero debo decir que no fue hasta ese momento cuando sentí que realmente somos un todo, cuando vi esa conexión de almas entre una persona y sus fieles amigos animales: magia pura. Esto sucedió hace ya muchos años. Después de esta conexión, he ido viendo muchos animales que son parte de nuestra familia del alma y nos acompañan. Y sé de muchas personas que han vivido señales de sus amados amigos desde el mundo espiritual.

En efecto, son muchas las personas que cuando acuden a una sesión reciben el espíritu de la naturaleza, que cobra forma de animales o mascotas que se vincularon con nosotros a través del amor, y que, por lo que transmiten, al parecer nos esperan en el otro lado, igual que nuestros familiares que partieron, en el momento de nuestro paso al otro lado. Esto se debe a que estas mascotas o animales se vinculan amorosa y energéticamente con nosotros y, lejos de regresar al espíritu animal para volverse a encarnar, como sucede en la mayoría de los casos, esperan nuestro regreso para ayudarnos en nuestro camino de vuelta a casa.

El espíritu de la naturaleza en esta ocasión me contó que muchos de esos animales que partieron vuelven de inmediato a la vida, buscando de nuevo a los seres o a las personas que aman y siguen amando, y reaparecen como nuevos regalos que nos ayudan en nuestro proceso de vida. El espíritu de la naturaleza —el conjunto de seres vivos que pueblan los cuatro elementos—, parte y vuelve, parte y vuelve, en un ciclo infinito que nos da la oportunidad de generar un hermoso espacio en el que podemos desarrollarnos. En el caso de Yayi, el espíritu, lejos de generar una queja hacia otros, nos mostró un profundo agradecimiento, pues en la sociedad en la que vivimos es muy común que solo amemos a nuestras mascotas, obviando que la Tierra es un ser vivo al que con nuestra conquista tratamos de subyugar, ahogar y, en muchos casos, eliminar, sin entender que sin él la vida no tendría lugar.

Sesión 12

UN REENCUENTRO SIN PECADO

Gema vino a visitarme para una sesión individual, pues unas amigas suyas se lo habían recomendado. Sabían lo unida que estaba con su padre y, pese a que habían pasado más de cinco años desde su partida, no parecía haberlo superado del todo, así que después de pensárselo mucho, finalmente decidió venir a ver qué sucedía.

El padre de Gema se hizo presente en la comunicación desde el comienzo de la sesión. Yo estaba recibiendo muchos mensajes de amor que le confirmaban a Gema que aquella comunicación desde el más allá era real. Su padre, después de algunos mensajes más, me pidió: «Dile que hoy quiero traerle la paz, es momento de que deje de torturarse». El señor hizo una pausa en ese momento y Gema opuso: «Yo no me torturo, estoy muy bien», así que, desconcertado, me dirigí de nuevo a su padre, que estaba escuchando desde el mundo espiritual. Él continuó hablándome: «Quiero ayudarla a que deje de torturarse por ese secreto que guarda desde hace dos años». De repente, la cara de Gema cambió de modo radical, y con un gesto de sorpresa y vergüenza, y casi sin, voz exclamó: «¡¿Cómo sabes eso?!».

En ese momento yo no conocía el secreto al que se refería, pues su padre, por respeto, no lo había desvelado, pero al escuchar a su hija decir «bueno, dile que todo está bien, que no tiene importancia», fue cuando su padre me lo reveló. Me contó que Gema, una importante ejecutiva de una multinacional, con una vida aparentemente perfecta —una madre ejemplar, una esposa ejemplar, una mujer de éxito—, en el proceso de conseguir tan grandes hazañas se había ido olvidando poco a poco de sí misma. No era una cuestión estética, ya que por su imagen perfectamente cuidada se podía ver que dedicaba tiempo y recursos a su atención personal. Gema se había olvidado de la alegría, todo en ella era una inmensa lista de deberes que realizaba a la perfección, como un autómata. Pese a tener dos hijos sanos e inteligentes, no disponía de suficiente tiempo para compartir con ellos, más bien su *feedback* hacia sus niños consistía en aprobar sus logros y dar soluciones a lo que fuera preciso para que fuesen personas exitosas, programándoles y costeándoles un sinfín de actividades que llenarían los vacíos que, por su falta de tiempo, generaba su ausencia. Tenía también un marido sano, amoroso, una persona buena, con el que se había trazado un prometedor futuro en el que se sentirían realizados y más que felices, pero ese futuro hacía tiempo que no sabían a ciencia cierta si llegaría. En el presente, la prioridad era cumplir y desarrollar las ocupaciones necesarias para que todo y todos estuviesen bien.

Las cosas habían cambiado dos años antes de la consulta, cuando se celebró la convención anual de la empresa, que tendría lugar en Bruselas. Gema estaba muy inquieta ese año, pues por primera vez haría una exposición en público, ya que el departamento que dirigía había hecho crecer y generar muchos cambios satisfactorios en la empresa. Ensayaba y se repetía una y otra vez el discurso que tenía preparado desde su llegada a Bruselas. Estaba muy abrumada por una especie de pánico escénico y lo que prometía ser una gran celebración se convertía para ella, una y otra vez, en una tortura que, sin embargo, manejaba a la perfección, olvidándose del disfrute de lo logrado y entrando en una autoexigencia constante de hacerlo todo perfecto.

En la primera reunión que la organización del evento realizó para que todos los participantes en las exposiciones se conocieran —un almuerzo en un restaurante muy elegante, perfectamente adecuado para dicho encuentro—, Gema estaba preocupada por si su indumentaria era la adecuada, con unas ansias locas de ser reconocida, hasta entrar en un estado de estrés que supo disimular muy bien. Sin embargo, todo cambió cuando le presentaron a Patrick, quien sería su compañero de mesa, un joven francés de unos treinta y cinco años que se sentaba a su derecha y que con su enorme sonrisa transmitía que estaba disfrutando de aquel evento como un niño en un parque temático infantil. Cuando se presentaron, un escalofrío recorrió el cuerpo de Gema y tuvo una sensación de familiaridad con Patrick que, lejos de incomodarla, le llamó poderosamente la atención. No se dio cuenta en ese momento de que, por primera vez en mucho tiempo, sentía algo que no era su habitual autoexigencia, y tampoco se imaginó que Patrick estaba teniendo esas mismas sensaciones y que aquel era el comienzo de un reencuentro que cambiaría muchas cosas en su vida.

Mientras los comensales esperaban sus bebidas y alimentos, comenzaron a presentarse ante el grupo conformado por doce personas. El ambiente era distendido y amigable, y Gema al fin estaba disfrutando. Poco a poco, su comunicación se fue reduciendo a Patrick; ambos se sentían muy cómodos conversando, ahora sí, de sus vidas personales, incluso de sus familias y de lo felices que estaban por aquella oportunidad y por el reconocimiento de la empresa en la que ambos trabajaban. Después del almuerzo, una parte del grupo decidió ir a pie hasta el hotel donde se alojaban pues estaba relativamente cerca, así que fueron paseando y, de nuevo, Gema y Patrick iban andado juntos, hablando animadamente. Por la naturalidad que estos desconocidos sentían, podría pensarse que llevaban años de amistad.

Los días del evento fueron sucediéndose y aquellas conversaciones dieron lugar a desayunos, almuerzos, cenas e incluso un baile en la fiesta de despedida. Todo fue creando una empatía y una complicidad que finalmente culminó en un encuentro más allá de la mera amistad. Ambos sintieron en esos días que se habían enamorado como dos adolescentes, que habían encontrado a alguien que los rescataba de un profundo olvido de sí mismos, alguien que les había vuelto a conectar con la alegría por primera vez en muchos años. Se arreglaban físicamente para sentirse bien y no para estar impecables socialmente, sonreían sin saber por qué, habían vuelto a bailar, a reír, a disfrutar, sin dejar de lado los asuntos que los habían llevado a aquel país. Sus exposiciones fluyeron con tal optimismo y claridad que obtuvieron más reconocimiento, fueron cuatro días en los que Gema parecía haber vuelto a la vida.

Todo esto podría sonar fantástico, pero los remordimientos y los reproches que una parte de Gema se hacía a sí misma por lo que había vivido ensombrecieron sus ganas de seguir sonriendo a la vida. A pesar de que amaba a su marido y a sus hijos por encima de todo, lo cierto es que sin saber cómo ni por qué, de manera inocente, envuelta por aquella familiaridad y aquella energía que había sentido con Patrick, se había hecho partícipe de una supuesta traición a su pareja. Ella había decidido guardarla en secreto y esa tortura le pasaba factura a diario, de nuevo era un autómata, olvidada de sí misma, pero, además, con la carga de la culpa y con el miedo a ser descubierta. Todo ello la sumía en una especie de muerte en vida que trataba de disimular en su mundo perfecto con una sonrisa fingida.

La verdad es que para mí fue incómodo transmitirle todo aquello, pues con cada palabra la sentía cada vez más avergonzada. Sin embargo, su guía, lejos de emitir un juicio, parecía más preocupado por el autocastigo que por otra cosa. Fue entonces cuando su padre le transmitió algo que me llamó poderosamente la atención. A medida que él narraba las veladas de Bruselas donde ella había estado presente, en lugar de estar dándole vueltas a su mente y planeando incesante e insaciablemente la perfección de lo que haría mañana, o recriminando lo que pudo estar perfecto pero no lo estuvo, su padre le recordó cómo, al detener su mente y estar más presente, comenzó a gustarse, a arreglarse más, y cómo incluso canturreaba por los pasillos del hotel antiguas canciones que hacía años que ni escuchaba, pero que formaban parte de la banda sonora de su vida; cómo, incluso, fue consciente de los sabores de los alimentos que estaba disfrutando, en lugar de comer de pie, rápidamente, como hacía habitualmente en la oficina.

Ciertamente, su padre no obvió que ese estado lo producía la presencia de Patrick; sin embargo, le recordó que la que había permitido y generado todas esas atenciones a sí misma (pues consiguió detenerse y estar presente) había sido ella. En lugar de ver que, en efecto, había decidido experimentar una vivencia que la despertaba de su ensoñación de trabajadora incansable por y para la excelencia —algo que estaba muy bien, pero que sin esa otra parte que había rescatado no dejaba de convertirla en ese autómata que pasaba por la vida olvidando vivirla—, Gema solo se culpaba por la traición a su marido. La culpa no le dejaba vivir, pues no se lo había confesado a su esposo, del que estaba enamorada, segura de que este era y sería el amor de su vida. Tenía miedo de dar un mal ejemplo a sus hijos y la verdad es que estaba acorralada por sí misma. Para compensar esa culpa, se autocastigaba, generando pensamientos y emociones que le despertaban una tremenda ansiedad, un estado que no le permitía ni dormir bien y que entendí que su padre trató de aliviarle con su mensaje, ayudándola incluso a reconducir su vida.

Su guía paterno habló de que, en muchas ocasiones, las personas tenemos una vida muy definida o segura, que nos ha costado planificar y manifestar, y que, a veces, estas seudoseguridades que creamos, lejos de permitirnos experimentar la plenitud, y aun teniendo todos los ingredientes para ello, nos hacen agarramos a un tipo de realidad que nos reprime, pero que nos es muy cómoda. La vida, el espíritu, el alma o el destino, como sea que queramos llamarlo, nos conduce a situaciones que nos hacen despertar de golpe. El golpe puede ser un accidente, o una pérdida repentina de nuestra estabilidad económica o profesional, o nuestro reencuentro con almas afines.

Pero te preguntarás qué son las almas afines. Al parecer, son almas con las que nos hemos encontrado en vidas anteriores y con las que nuestra alma grabó una especie de memoria de reconocimiento mutuo. Muchas veces, antes de nacer, nuestra alma ha programado un reencuentro en la vida que vivimos en el presente, con el fin de despertar o de reconducir a ambas almas en una nueva dirección de vida. En ocasiones, esas almas nos recuerdan el amor que sentimos en esas vidas pasadas y en la vida presente. Ese sentimiento se presenta de la nada, casi basta con que ambas personas, inconscientes de lo que vivieron, conecten en un momento preciso de la vida y al reencontrarse se desarrolla con naturalidad una confianza, una sensación de conocerse desde siempre, de haber llegado a casa, que casi nunca se puede rehusar vivir, pues parece que ambas personas entran en una hipnosis donde el tiempo se para y ambas almas se contemplan, se reconocen y se produce la necesidad de amarse espontánea y necesariamente. Esto puede pasar también en el terreno amistoso, como cuando reconocemos a la familia del alma, esas personas con las que también nos reencontramos y son nuestros compañeros de viaje en la amistad. O, a veces, nace un nuevo miembro en la familia con el que se da una empatía mágica que nadie entiende. En ocasiones, también aparecen personas que desafían nuestras cualidades y con las que nos toca compartir nuestro desarrollo familiar, que son como esa piedra en el zapato con la que experimentamos crecimiento o, por el contrario, una merma de nuestras capacidades de experimentar la vida creativamente.

En el caso de Gema y Patrick, el guía explicaba que sus almas se habían amado en vidas anteriores y que habían pactado la posibilidad de reencontrarse por un periodo muy corto de tiempo para que ambos despertasen a la realidad de que lo tenían todo, menos a sí mismos, pues habían renunciado a su esencia para alimentar solo un área de su vida, únicamente nutrían aquella parte de sí mismos que se sacrificaba para que todos los seres a los que amaban estuviesen bien. Pero aquel encuentro había hecho que Gema pudiese hacer su exposición y disfrutase de almuerzos, cenas y conversaciones en la convención igual que hacía con su familia en los ratos antes de ir a descansar o hablando por videoconferencia.

En ese encuentro volvió a conectar, aunque fuese por pocos días con el *swing* de la vida, se reía sin motivo, se sentía bien. Parecía que todo esto se lo producía Patrick y, en parte, podría ser así, pero su padre la hizo consciente de que el encuentro fue la oportunidad para que ella se diera cuenta de la necesidad de experimentar todo lo que sintió, pues al conectar con Patrick, su alma recordó aquel amor y, antes de que ese recuerdo se apagase por la separación inminente, decidió experimentar como si no hubiese un mañana y sacó tiempo para todo, incluso para sí misma. Ese era su aprendizaje, su despertar: volver a vivir y no llenar el vacío que dejaba la falta de comunicación con deberes y más deberes que la alejaban del goce de una vida que todos, incluso ella, catalogaban de perfecta, pero que por exigencias del guion que había creado no se permitía disfrutar. Además, había convertido su vida en un drama por esa oportunidad que se permitió para despertar con Patrick, y, en lugar de seguir despierta, creó una pesada ensoñación culpable que la sumía en un profundo dolor.

Su padre quería calmarla con una mirada de amor y desde el conocimiento de que la experiencia en la Tierra viene con aprendizajes que desafían lo que creemos saber, de lo que juzgamos que está bien o está mal, o de lo que es bueno o malo. Después de vivir esos aprendizajes en el formato que vengan, ya sea un accidente, una enfermedad o un encuentro fugaz del alma, podemos dar un salto cuántico y enriquecer nuestra existencia como consciencia, tal como hizo Gema en la sesión. Decidió transformar su culpa y su dolor en paz y fuerza, pues entendió que aquella experiencia le había hecho reconectar con la vida, reconectar con su marido, con sus hijos y con ella misma, de otra manera, de una manera creativa en la que había espacio y lugar para el baile, el disfrute, la realización personal y la familiar. Y se forjó una comunicación aún más profunda con su padre, ya que sintió su amor infinito sin censura, ni crítica ni castigo, algo que generó una apertura psicoemocional que también ha transmitido a sus hijos, entendiendo el amor desde una consciencia mayor.

En mis sesiones, he visto a miles de personas que se castigaban por lo que consideraban que era malo, que por lo que fuera experimentaron la culpa, el castigo, el miedo o el rechazo a sí mismos y crearon aptitudes que ensombrecieron su oportunidad de brillar, de vivir felizmente. También he experimentado la liberación de miles de personas a través del mensaje de sus guías espirituales, ayudándolos a tomar conciencia de que vivir en el presente, en el ahora, es una de las herramientas para fluir en cada desafío que la vida nos propone para crecer y disfrutar de la mágica oportunidad de amarnos a través de nuestra experiencia.

Sesión 13

ALBERT Y FRED

Una de las sesiones que recuerdo con especial cariño fue la de Albert y Fred. Me encontraba en Canadá por trabajo, y fui invitado por Catalina, una española que residía en el país, a pasar unos días en su casa de verano por su cuarenta cumpleaños, al que acudirían más invitados. Uno de ellos era Fred, un hombre con aspecto triste, apocado y de pocas palabras, que parecía rehuir cualquier amago de entablar una conversación. Yo no conocía a nadie y me llamaba mucho la atención que los demás vieran con normalidad su actitud.

Catalina había creado un montón de actividades para todos los participantes de la celebración de las que, por cierto, ella no pudo disfrutar en gran medida, pues había sufrido un esguince de tobillo muy severo el día antes de nuestra llegada y el reposo era prioritario. No obstante, esto no la detuvo para animar a los demás a realizar una ruta a caballo por la zona, un lugar que, sin duda, es un deleite para los sentidos. Yo decidí quedarme en la casa y nos sentamos a tomar unas infusiones y comer unas galletas mientras charlábamos y reíamos con las anécdotas que narraba Catalina. Pensábamos que estábamos solos en la casa cuando escuchamos unos pasos que se acercaban; era Fred, el hombre que me había llamado la atención. Cuando entró en el salón donde nos encontrábamos, él también se sorprendió, pues creía que estaría solo en la casa y se disponía a leer un libro, mientras contemplaba de reojo aquellas increíbles vistas que podían disfrutarse desde los ventanales. Su reacción fue como de vergüenza y se apresuró a retirarse. En ese momento, Catalina, con un tono parecido al de una madre que regaña a su hijo, exclamó: «¡Freeeeeed, veo que nos vas a conceder el privilegio de tu compañía, así que, por favor, toma asiento!», cosa que hizo.

Al cabo de unos minutos Fred seguía callado y Catalina, muy amablemente, lo fue incluyendo e involucrando en la conversación. No sé cómo ocurrió, pero la verdad es que cuando me quise dar cuenta le estaba haciendo una sesión a Fred, y entendí aquel extraño comportamiento. Recuerdo que le dije: «Fred, siento la vibración de un espíritu que tiene una necesidad muy grande de comunicarse contigo, pero quiero preguntarte si deseas que lo haga, necesito tu consentimiento». Antes de que Fred pudiera decir nada, Catalina dijo: «Sí quiere, claro que sí». Miró a Fred y le dijo: «Claro que sí quieres, ¿verdad?». Él no se atrevió a contradecirla y con cara de niño bueno respondió: «Me temo que sí». Así que cerré mis ojos y ¡vi a Fred en el mundo espiritual! O sea, a un hombre calcado a Fred. En ese momento, escuché a Hamits decirme: «Felipe, es su hermano gemelo, te voy a conectar con él». Y así lo hizo.

Se llamaba Albert y, pese a ser su gemelo, yo sentía que la personalidad que manifestó en la Tierra era la de alguien enérgico, carismático, diría que incluso divertido. Su energía era fresca, la de alguien echado para adelante, un ser con quien seguro no te aburrirías jamás. Albert me dio las gracias por aceptar compartir su mensaje con su hermano, pues tenía mucha urgencia de que Fred recibiera su enseñanza.

Cuando le dije a Fred que veía a un hombre que era idéntico a él y que me decía que era su gemelo, se emocionó y su rostro se iluminó, una reacción que me dio alivio, pues Catalina lo había condicionado para que aceptase la sesión. Cuando Fred escuchó que el espíritu de su hermano estaba ahí y le dije que eran idénticos, me desafió diciendo: «Si mi hermano está aquí, yo sé que diría eso», así que miré para Albert, quien se rio y me bromeó: «Idénticos no, yo soy el más guapo», y se carcajeó. Transmití esta respuesta a Fred que exclamó: «¡Sin duda, ese es Albert! Siempre decía que era el más guapo». La sesión transcurrió con los mensajes que Albert le transmitió a su hermano. Le dijo que ya era momento de cambiar la manera de procesar la vida. Fred se sintió confuso por lo que su hermano quería decirle, hasta que le pedí que me narrase qué había sucedido.

Los hermanos pertenecían a una acomodada familia que les proporcionó una formación académica privilegiada. Albert fue un joven con ganas de comerse el mundo, viajó, se enamoró cada jueves, fue el alma de la fiesta, y creó junto con su hermano una empresa que se convirtió en una multinacional. Era un conversador magnífico y desprendía una seguridad que cautivaba la atención de cualquiera. En cambio, Fred, desde niño, fue «el raro», introvertido, poco conversador, se había limitado a existir a la sombra de su carismático hermano y solo vivía para trabajar, algo que dejó de hacer cuando Albert partió al otro lado; entonces, vendió la empresa que ambos habían creado de la nada. Ahora, sus días se limitaban a vivir encerrado en el antiguo concepto de *jubilado,* escondido detrás del visillo; solo salía de su encierro para el cumpleaños de su amiga Catalina, pues esta se había convertido en su única conexión con el mundo exterior.

Albert había podido entender desde el otro lado que Fred no era raro y que tampoco era feliz en su manera de experimentar la vida. Se dio cuenta de que, en su niñez, y hasta el momento de partir, él miraba la vida a todo color, que desde niño soñaba con conquistar el mundo y se creaba imágenes en su cabeza donde se veía disfrutando de sus éxitos, viajando por todo el mundo. Se decía a sí mismo que todo era posible y que conseguiría aquello se propusiese y, además, esto le generaba sensaciones motivadoras. Fred, por su parte, pese a ser idéntico, se dibujaba escenarios sombríos que lo limitaban y lo llevaban a tratar de pasar desapercibido, pues su miedo a vivir hacía resonar en su cabeza que no era bueno para nada y que debía esforzarse por sobrevivir. Esas sensaciones de miedo aumentaban con cada responsabilidad que asumía, y estas no le dejaban tiempo si no era para más preocupaciones en medio de un tremendo suplicio. Albert, respetuoso con la que creía que era la elección de vida de su hermano, descubrió que este no era feliz, y que podía ayudar a Fred a cambiar esa «realidad que había creado» y que todos habían asumido como su carácter o personalidad.

El dolor de Fred era profundo, pues había perdido a su único y amado hermano, que era su puente con la vida, con el que se atrevió a creer en sí mismo y con el que tuvo el valor de vivir su único éxito empresarial, una actividad que lo alentaba constantemente y de la que se sentía profundamente orgulloso. El hermano que siempre fue su héroe se había marchado diez años después de sus padres, que partieron uno seguido del otro de muerte natural. Todas esas pérdidas lo sumían en un profundo dolor y la única salida que veía era desaparecer, cosa que según Albert no tocaba, así que lo propio era cambiar el curso de la historia de su propia existencia: y, en combinación con Hamits, nos regaló un aprendizaje que quiero compartir contigo.

Albert hizo consciente a Fred de que, sin saber por qué, su mente, desde que tuvo uso de razón, tomó la decisión de crear imágenes, ideas y creencias sobre sí mismo y sobre el mundo que construyeron valores muy buenos, como ser alguien de provecho para la sociedad en su actividad laboral, pero, lamentablemente, el resto de los ámbitos de su vida eran para él una tortura inconsciente. Albert explicó que nuestra mente, si no estamos presentes y en una conexión amorosa con nosotros mismos desde el conocimiento de nuestro funcionamiento interno, podía tomar un camino creativo o no, la pauta la marcaría lo que eligiéramos creer de nosotros mismos y del mundo a temprana edad. Además, aquello y aquellos que nos rodeasen y creyésemos importantes también influirían en la construcción de nuestro mundo interno y en los cimientos con los que construiríamos nuestra realidad. Dicho de otro modo, Fred, sin saber por qué, había hecho una especie de grabación limitadora en su mente con imágenes y sonidos que generaban esa profunda sensación de miedo, como una canción que una y otra vez se repetía, y que de vez en cuando adoptaba nuevos acordes de nuevas limitaciones que Fred confirmaba con cada una de sus experiencias.

Fred reconoció esta información que su hermano le daba y exclamó: «¡Para él todo era fácil! Ahora, a esta edad, ¿de qué me sirve cambiar?». Todos nos miramos desconcertados, pues Fred tendría en aquel momento unos cincuenta y dos años. Su hermano, desde el otro lado, comenzó a sonreír y le dijo a Fred que su estancia en la Tierra iba a ser larga, y que tendría su ayuda para que pudiese experimentar la maravilla de la vida en la Tierra, como Albert la definía. Fred, como un niño pequeño, le reclamaba: «Sí, claro, para ti todo fue fácil». Albert le contestó muy generoso: «Sí, por eso estoy aquí, para ponértelo fácil a ti, mi amado hermano. Es hora de que ilumines tu mente, ya tendrá lugar nuestro encuentro en este lado, pero ahora te toca a ti conquistar la parte de la vida que te permitas. Yo solo quiero enseñarte el camino».

Albert, muy inteligentemente, pidió a Fred que cerrara los ojos y que imaginase que en unos días iba a conocer al amor de su vida. Le pidió que prestase atención a las sensaciones y los sonidos que vendrían con esa visualización e incluso a cómo se lo imaginaba. Le solicitó también que se visualizase en escenarios en los que viajaba y disfrutaba, en los que tenía pareja, e incluso una familia, y saboreaba cada instante de su vida. Le dijo que se tomase un tiempo con estas visualizaciones y, al cabo de dos minutos, Fred dijo: «No puedo, no puedo, no estoy hecho para eso. Soy diferente a los demás, no puedo ser feliz». Albert lo felicitó, pues ya era consciente de qué es lo que creía de sí mismo y de la vida en lo más profundo de su inconsciente. Fred también se sorprendió por todo lo que se fue manifestando con lo que proponía Albert, y percibió claramente el proceso que generaba inconscientemente y que hacía que su foco de atención estuviera puesto en confirmar lo desdichada que era su vida, en lugar de en vivirla. Ahora, con la idea de que esto podía cambiar a su antojo, de que podía sentirse libre de vivir como lo había hecho Albert, feliz y radiante, tomó nota de todas las indicaciones que su hermano le hizo.

Le propuse, ya que estaríamos unos días en la misma casa, ayudarlo con ejercicios que he canalizado y aprendido a lo largo de mi carrera profesional, pues por más de dos décadas me he formado y he formado a cientos de personas con tecnologías como la PNL (programación neurolingüística) o el *coaching,* que he combinado con metodologías de desarrollo espiritual transmitidas por Hamits y otros maestros. Según mi experiencia, estas herramientas han contribuido y contribuyen al despertar en personas que desconocían capacidades y talentos que estaban dormidos o, como en el caso de Fred, estaban ocultos tras una especie de tela de araña tejida por cada pensamiento limitante que daba forma al miedo.

Tengo la suerte de compartir en cursos, talleres, sesiones o conferencias este conocimiento que los espíritus nos aportan, y he podido comprobar, por el *feedback* que recibo, que miles de personas han generado cambios a partir del encuentro con un espíritu y el uso de las herramientas que este propone. Y es que se generan cambios no solo en sus propias experiencias, sino que impactan poderosamente en la vida de otros, ya que cuando nos hacemos conscientes de esos dones con que nuestra alma se aprovisionó en el momento en que diseñó nuestro plan de vida, sentimos la conexión con la Tierra, que nuestro lugar es este, y todo cobra sentido. No quiero decir con esto que tengamos un organigrama que defina lo que tenemos que hacer, ya que no nos hace falta, tenemos algo más poderoso y es la conexión con nuestro ser, con el fluir de la vida, que es como una certeza que estoy seguro de que, en algún momento, en algún área de la vida, has sentido: la certeza de que todo está bien, de que sin saber por qué sigues el camino de baldosas amarillas que libre y acertadamente has decidido escoger.

Y eso es lo que sucedió con Fred, que al cabo de unas sesiones de *coaching* espiritual con la guía de Hamits y con su adorado hermano Albert, más unas lecturas de apoyo, y —esto es lo más importante— su compromiso y su firme decisión desde una mirada motivadora, cambió su percepción de la realidad y dejó de ser aquel hombre que pretendía ser invisible porque no se sentía parte de la vida.

Unos años después de las últimas sesiones que realizamos, me llegó la invitación a su boda que, además, celebraría en México, mi otro hogar en el mundo junto con Gran Canaria. Por motivos profesionales no pude asistir, pero sé por Catalina que tiene dos hijos y que es muy feliz, y a través de ella me envía siempre bendiciones por aquel encuentro que volvió a conectarlo conscientemente con su familia que reside en el otro lado y que marcó un nuevo y, al parecer, próspero comienzo de vida.

Porque los ángeles nunca se fueron, solo cambiaron de lugar y desde ahí nos siguen acompañando.

Sesión 14

«MI BEBÉ SIEMPRE ESTARÁ AQUÍ»

Hay personas que despiertan en nosotros una sensación de mayor empatía que el resto, y es lo que sucedió con Ana, una señora de unos setenta años que había acudido a consultarme. Hamits había preparado todo para presentarme a su esposo, que vive en el otro lado, con el fin de llevarle su mensaje de amor a su mujer. Fue una sesión muy emotiva y sanadora para ella, según me confesó al finalizar, pues la había ayudado no solo a comprobar que su marido seguía a su lado, sino que también la ayudó a soltar la rabia y el dolor de lo que para ella era una injusticia del cielo, pues él, que era un buen esposo, un buen padre y una gran persona, había perecido por una fulminante enfermedad a los pocos meses de su jubilación.

Después de todo el sacrificio por tirar adelante en una España recién salida de la posguerra (que fue cuando se conocieron y se hicieron pareja), después de tanto y tanto trabajo, y cuando parecía que tocaba disfrutar, la muerte le arrebató a su compañero de vida, a su amor, a su cómplice. Tantos planes hechos para el futuro se quedaron en nada por una mala jugada del destino y su enojo le había hecho perder la fe en todo. Sin embargo, la sesión fue para ella una experiencia tan sanadora que hizo que sus hijas asistiesen también a otra para conectar con sus guías.

La que estoy a punto de contarte es la de Julia, una chica de unos treinta años, de aspecto tranquilo, sosegado diría, incluso cuando escuchaba cada palabra que su padre hacía que le transmitiera. Al parecer se trataba solo de una apariencia, pues, según él, Julia era un manojo de nervios con la necesidad de controlar que todo el mundo estuviera bien, y todavía no había procesado la pérdida de su padre, es más, había asumido *motu proprio* la obligación de sostener emocionalmente a la familia. Tan pesada carga no solo no le correspondía, sino que era un imposible, ya que cada uno se haría cargo de su propia experiencia al margen de sus deseos, cosa que entendió. Así pues, se comprometió a trabajar por amor a su padre, que seguía conociéndola perfectamente desde el otro lado y que contestaba a cada una de las preguntas que Julia había anotado unos días antes de la consulta para hacerle, como estableciendo un código con él para ver si era cierto esto de que la acompañaba espiritualmente, como su madre le había contado tras su propia experiencia en sesión.

En efecto, su padre contestó a estas y a otras preguntas o dudas que Julia tenía acerca de la vida después de la vida, pero hubo un mensaje que la desconcertó y que, años después, ella misma vivió como una verdadera tragedia. Su padre me habló de la descendencia que Julia tendría en un futuro próximo, literalmente me dijo: «Una pérdida y dos hijas». Yo asumí, no sé por qué, que ella había tenido un aborto, y que en el futuro tendría dos hijas, pero me dijo: «Nunca he tenido pérdidas», por lo que pensé que quizá no había entendido bien a su padre y recalqué lo de las dos hijas.

Después de dos años, Julia volvió a la consulta. Yo no recordaba quién era y me dispuse a que Hamits me conectase con sus guías. Conecté con un señor con una energía paterna y amorosa muy fuerte que la consolaba; y cómo de modo inconsciente ella asumía este consuelo, que físicamente generaba cambios en su estado emocional. Este ser paternal llegó acompañado del espíritu de un niño que se me hacía presente como una inmensa luz. No sé cómo explicarlo, pero esa luz me transmitía la sensación de que el ser que tenía frente a mí era su madre, y eso le dije a Julia que, en un llanto de dolor, me preguntó: «¿No te acuerdas de mí? Estuve aquí hace un par de años», y me contó lo que yo le había dicho entonces, sin nombrarme el trágico suceso vivido. El niño que yo vi me mostró que había nacido, pero que a las veinticuatro horas partió por muerte súbita. Su amor hacia su madre era infinito y le transmitió que había sido muy feliz el poco tiempo que estuvo en los brazos de sus padres. Su abuela venía ahora a calmarla y a decirle que no solo su hijo estaba vivo en otra frecuencia, sino que, además, seguiría presente en sus vidas, y que dos hermanas más nacerían y él las acompañaría también desde el mundo espiritual en su paso por la vida, amándolas y guiándolas. El espíritu de su hijo le dijo también que en el plan de su alma había venido a sentir la experiencia de estar en el vientre, incluso la de nacer y sentir el amor de una madre, y luego partir al otro lado para cuidarla. Esa era la experiencia que venía a compartir con ella: «Sé que es difícil entender esto, pero quiero que entienda que estoy aquí, a su lado, que seguiré a su lado y que participaré en sus experiencias, acompañándola hasta nuestro próximo reencuentro». El ser le dio infinidad de mensajes que Julia sabía que verdaderamente provenían de su hijo.

Sin embargo, lo que ahora la había traído a la consulta era no sé si un reclamo o una necesidad de explicación. Antes de que ella preguntara, su padre retomó la comunicación y me dijo: «Está aquí por el mensaje de un encuentro anterior, cuando le transmití de manera vaga lo que iba a suceder, ella no estaba preparada para que le diese un mensaje literal de lo que sucedería y fue mi manera de prepararla para lo que iba a pasar, sin interferir en todo lo positivo que fue experimentando a lo largo del proceso de gestación. Sé que está enfadada y que no sabe qué creer, pero en nuestro mensaje y con nuestra ayuda no interferimos en la experiencia que el alma viene a experimentar, sí podemos interferir, en cambio, en vuestra percepción de esta».

Él explicó que con aquel mensaje encriptado la preparó no tanto para lo que sucedería, pues de habérselo vaticinado tal cual hubiera sido una condena. Le dio un mensaje de algo terrible, pero sabía que encontraría respuesta en el otro lado, como el consuelo y la cura del dolor que vi en la mirada de Julia cuando comprendió que Raúl —como nombró a su hijo— está presente de otra manera y a su lado. Por otros encuentros que hemos tenido, supe que su hija Isabel, desde que comenzó a articular palabras, comenzó a decirle a Julia: «Mamá, estoy jugando con Raúl», nombre que nadie le había mencionado nunca. En ese momento se percataron todos de que Raúl, su hermano, vive al otro lado esperando un futuro reencuentro.

Sesión 15

SALTAR DE ALEGRÍA

Me encontraba en Colombia realizando el episodio piloto de una serie que un importante canal internacional de televisión me había propuesto —un proyecto que todavía no ha salido a la luz—. Lo que cuento, a continuación, es lo que sucedió en uno de los casos que allí se mostraban.

La persona encargada de llevarme al set de grabación me condujo a uno de los espacios donde grabaríamos varios encuentros con los guías espirituales de diferentes personas a las que yo no había visto nunca. Una de ellas era Amanda, una mujer de unos cuarenta y seis años más o menos que transmitía un carácter serio, a la que vi unos pocos minutos antes de la grabación. Después de una breve introducción acerca de mi trabajo, le pedí a Hamits que me conectara con el guía o con los guías que querían establecer conexión. Hamits me anticipó que venía un niño desde el mundo espiritual para hablar con su madre y me mostró a Sebastián, de unos siete u ocho años, que me transmitía una enorme felicidad por venir a hacer consciente a su madre de que seguía vivo en otra frecuencia y que, desde allí, seguía conectado con ella a través del amor.

Amanda se debatía entre un llanto de dolor y pena y, a la vez, de profunda alegría al comprobar que su hijo estaba allí presente y al escuchar relatar con todo detalle cómo se había producido la partida de Sebastián y cómo era el día a día a su amada madre y a sus familiares tras su partida. El niño me mostró que su ida se había producido, de repente, por un fallo cardiaco mientras se hallaba en un avión de camino a otro país donde vivía su padre.

Esta partida tan trágica dejó en su madre, además del sufrimiento y del vacío de la pérdida de su bebé, como ella lo llamaba, un profundo sentimiento de culpa, pues Sebastián viajaba al cuidado de la tripulación como una prueba de madurez y de confianza hacia él. Habían decidido motivarlo para que tuviese la experiencia de probarse a sí mismo y comprobar que podía hacerlo, lo cual privó a su madre de la oportunidad de una despedida. Muchas sensaciones que alimentaban la culpa y el dolor fueron disipándose con cada mensaje que Sebastián le dio a su mamá.

Cuando comenzó a hacerse presente, me fascinó el hecho de que Sebastián daba saltos de alegría diciendo: «Estoy aquí, mamá, estoy aquí». Yo lo veía de este modo cuando, de pronto, escuché al técnico de sonido ordenando que parásemos la grabación mientras se acercaba a mí. Parecía que viniera a aconsejarme algo cuando vi su cara de asombro, pues él pensaba que, dada mi inexperiencia, yo estaba golpeando mi micrófono con mi mano o con algún objeto mientras contaba que Sebastián daba saltos de alegría. Pero no era así: mis manos estaban quietas y el sonido que se podía identificar era, precisamente, el de alguien que daba saltos. Fue algo muy curioso: a las diez personas que estábamos en el set de grabación no nos dejó indiferentes y, además, quedó grabado. Es una anécdota que quería compartir porque fue un acontecimiento sanador para todos los presentes, pues, aunque fue Amanda la protagonista de esta experiencia, cambió algo en todos nosotros.

Sebastián le transmitió a su madre que era hora de dejar el dolor, pues él la acompañaba, y añadió que a lo largo de los cinco años de su ausencia le había dado pruebas de su existencia. El niño narró que había entrado en comunicación con ella a través de sus sueños, sueños muy reales en los que se fundían en ese abrazo que ella no había podido darle antes de partir. Describió ciertos objetos que Amanda tenía escondidos para que su nuevo marido y sus familiares más cercanos no supiesen de ellos, pues con el ánimo de protegerla del sufrimiento le aconsejaron deshacerse de esos recuerdos que ella había seleccionado y guardado. En la soledad de su hogar los sacaba, los tocaba y los contemplaba.

Amanda había tenido otro hijo con su nueva pareja, Simón, al que Sebastián describía a la perfección como compañero de juegos. Habló también de un futuro viaje ya planeado por Amanda y la familia que harían en los próximos meses a diferentes parques temáticos infantiles y en distintas partes del mundo, y Sebastián, emocionado, decía que él participaría acompañándolos espiritualmente. Esto sorprendió a Amanda, pues yo no tenía manera de saber nada sobre ese viaje —de hecho, nadie en aquel set conocía la información que allí se reveló y que Amanda confirmó que era real—. Las cosas que Sebastián contaba iban calmando a Amanda, quien encontró respuesta a las muchas preguntas que se hacía sobre el porqué les había sucedido aquella tragedia a ella y a su familia, de modo que ese doloroso sentimiento iba transmutándose en una certeza esperanzadora de que su hijo está vivo de otra forma y en otra frecuencia, no como un recuerdo, sino como un maestro, como un guía.

Sebastián le explicó que sus almas y las de otros familiares habían planeado encontrarse una vez más de forma física en la Tierra, que en esta ocasión su alma fue a experimentar el amor de sus padres, ese amor puro, y partir al otro lado llevándose el aprendizaje del amor incondicional en la Tierra, y que por eso estaba feliz en el otro lado. Sin embargo, esa especie de amnesia selectiva que provoca el alma cuando nacemos, y que es parte del proceso de experimentación, le había nublado a Amanda el recuerdo del alma, y Sebastián, desde el más profundo amor, a través de la precisión de la información que revelaba, generó en ella respuestas emocionales de serenidad, paz, comprensión y certeza de la presencia de su amado hijo en el plano espiritual.

Sucede que cuando queremos entender desde la lógica —o lo que creemos que es lógico— perdemos la oportunidad de vivir las señales que nos proporciona nuestra intuición como lenguaje del alma, nuestra conexión espiritual, ese hilo conductor que nos recuerda que nuestro paso por la Tierra es un instante de los muchos que nuestra alma decide experimentar, con el fin de salir de la ilusión de la separación del todo y participar de manera consciente en la unidad con el todo. Es esa conexión espiritual la que nos permite entender qué hacemos aquí y hacia dónde nos dirigimos, la que revela el para qué estamos aquí. Y este proceso de despertar muchas veces lo experimentamos a través de la pérdida de un ser amado. Sin embargo, en la separación con el todo, o en el desconocimiento y la desconexión con nuestra parte espiritual, además de la desgracia de la pérdida nos atascamos con el dolor, el apego y muchas frecuencias densas que nos hacen olvidar el propósito original de la experiencia. Sebastián vino a reconducir a sus familiares hacia el propósito original, calmando y guiando sus corazones a una experiencia de vida más plena.

Sesión 16

«CAMPEÓN, MI CAMPEÓN»

Me encontraba en Gran Canaria pasando unos días de vacaciones, y un amigo mío, que nunca había mostrado ningún interés por nada espiritual, me pidió el favor de ver a unos familiares suyos. Cuando me reuní con ellos, me encontré con una pareja joven que parecía llevar un tiempo esperando, pues habían llegado muchísimo antes de la hora acordada y se respiraba en el ambiente cierto nerviosismo, así que tal como llegué, y después de las presentaciones, decidí pasar a una sala donde comenzaría la sesión, una vez que Hamits me lo indicara. Así fue.

Hasta que no vi aparecer a aquel espíritu de niño, no entendía tanta urgencia. El espíritu que se acercaba a mí me mostraba una luz impresionante, era una maravilla observar el estado de consciencia en el que se encontraba. Se sentía muy amoroso y juguetón, estaba feliz de comunicarle a sus padres que estaba vivo, en otra consciencia, y se veía emocionado, queriendo narrar cada detalle de su paso al otro lado, donde se encontró con familiares que pertenecían a ambas familias y que no pudo conocer puesto que habían partido antes de su nacimiento.

El niño contó cómo había sido cada paso hasta ocupar el nivel de consciencia donde ahora se encontraba y que le permitía ser un guía de sus padres. Me mostró que partió a consecuencia de un tumor cerebral. Pese a que sus padres habían hecho lo indecible por atajarlo y que se diese la curación, esto no sucedió, y convirtió los dos últimos años de su vida en la Tierra en un sinfín de subidas y bajadas emocionales. Sus padres se entregaron en cuerpo y alma a cuidar de su hijo y estaban siempre dispuestos a cualquier cosa por mantener una sonrisa en el rostro de este. Miguel, su padre, y Elizabeth, su madre, decidieron vender su pequeña empresa familiar y destinar los beneficios de la venta a los cuidados de su hijo, quien contaba que durante esos dos años había experimentado un amor sin medida, una entrega que colmó su alma. Vino a la Tierra por poco tiempo, pero ese tiempo fue suficiente, según explicó, para irse de esta vida con la experiencia de ser amado profundamente. Ese amor, así como las decisiones de sus padres, lo conectaron con la experiencia de vivir cada día con la duda de que fuese el último y, lejos de ensombrecerse, sacaba fuerzas de la flaqueza para disfrutar de cada segundo juntos. Aquella enfermedad incurable pasó a un segundo plano, pues la necesidad de hacer de cada momento un acontecimiento conectó al joven Álex con algo dentro de sí que le decía que todo estaría bien y que, aunque residiera en él un temor de dejar solos a sus papás, ese mismo «algo» le hacía comprender que todo estaría bien, a pesar de saber que cada día que pasaba se acercaba el momento de la terrible e inevitable separación.

El joven Álex, en su narración, hacía conscientes a sus padres de que ellos eran para él sus campeones, y los animaba a volver a conectar con la experiencia de vivir en el presente en lugar de castigarse con el dolor de la pérdida ilusoria, pues ese profundo amor que los unía y que los une aún, es el hilo conductor que los ayudaría a crecer en este momento, tras recibir los mensajes que su hijo les transmitió desde el otro lado. El joven me mostró también unos símbolos que eran como códigos que sus padres le habían pedido que transmitiera si de verdad seguía vivo en algún lugar después de su partida. Él estaba muy orgulloso de ellos y se refería a sí mismo como un campeón. Por la explicación de su madre, tras finalizar la sesión, entendí que desde que nació sus padres lo llamaban así cariñosamente.

El espíritu era consciente de que estos mensajes que transmitía a sus padres necesitaban un tiempo para ser asimilados, pero vi cómo esa misma frescura y energía que me hizo sentir al comienzo de la sesión se instalaban y se integraban en la energía áurica de sus padres, que había cambiado de color y de intensidad, y me permitió entender que sería cuestión de un periodo de asimilación, pues el cambio ya había comenzado en ellos con la certeza de que su amado «campeón» vive en una frecuencia de amor infinito, velando por ellos, y que el momento del encuentro era ahora, que es el momento presente en el que Álex aconseja vivir a sus padres.

Sesión 17

LA EXPERIENCIA MÁS PERSONAL

Sin duda, uno de los temas más tabúes de la sociedad con respecto a la muerte es el suicidio. Algunas religiones dicen que la persona que se suicida va al limbo; otras, que obtiene un enorme castigo; otras, que se encarna de nuevo con los problemas que tenía sumados a otros escollos que superar, pues no completó su aprendizaje. La verdad es que todas esas teorías hacen que las personas que experimentan la pérdida de un ser amado por suicidio queden en un pozo de dolor y culpa que aumenta con la eterna pregunta: «¿Por qué lo hizo y cómo pude no darme cuenta?». Por eso me gustaría transmitirte mi experiencia personal sobre este tipo de pérdidas.

Una de las capacidades que tengo, además de comunicarme con el mundo espiritual, es la videncia. Puedo percibir con total claridad acontecimientos pasados que marcaron y generaron una respuesta emocional que impactó en nuestras vidas o, al contrario, puedo ver qué va a suceder en todas las áreas de la vida de cualquier individuo. También en algunos momentos veo cosas que me van a suceder a mí o a mis familiares. Y este fue el caso.

Recuerdo que durante más de dieciséis años tuve un sueño muy vívido que me angustiaba y me generaba muchísimo miedo, y este sueño no era otro que el suicidio de mi padre. Noche tras noche lo tuve, una y otra vez, y cuando le preguntaba a Hamits o a otros guías por aquello, ellos me decían:

«Debes prepararte para el momento», cerrando la posibilidad de que yo, a cualquier precio, pudiera hacer algo para que no sucediera. Incluso durante años quise pensar que esos sueños se debían a algún miedo infantil que no había superado y que en algún momento lo haría. Además, mi padre en la Tierra no era precisamente alguien que creyera en la vida después de la vida, mucho menos en las premoniciones. Amaba la vida y, de hecho, cuando en algún momento salía algún tema referente al suicidio, él hablaba de lo bello que era vivir y no le cabía en la cabeza que alguien tuviese la idea de privarse de la oportunidad de existir todo lo posible. Así es que me limité a hacer visualizaciones, ruegos, peticiones, oraciones y todo lo que estaba en mi mano y conocimiento, y que me hacía creer que este hecho, como muchos otros que había podido vaticinar y que no eran muy positivos, podría modificarse a través del trabajo personal, la ayuda y el apoyo del mundo espiritual. Un apoyo que yo no tendría, pues años después entendí que lo que viví durante años como una condena (a través de visiones, tal como explicaré más adelante), lejos de serlo, era una oportunidad. Y que, si en lugar de invertir mi energía tratando de cambiarlo me hubiese dedicado a profundizar en el mensaje a través de la aceptación, el aprendizaje que transformó mi visión con esta experiencia —la paz con el proceso de perder a alguien en una partida de este tipo— se me hubiese mostrado mucho antes.

Aunque yo no lo sabía o no lo recordaba, mi alma me había elegido no solo para que experimentase la pérdida, sino para que acompañase a mi amado padre en los últimos minutos de su estancia en su cuerpo físico, pues llegué justo momentos después de este desgarrador suceso y pude tener su cuerpo entre mis brazos mientras hacía su viaje al otro lado. Al contrario de lo que me habían contado, mientras le susurraba que se fuese tranquilo al otro lado, que lo amaba y que fuese hacia la luz y que generase más amor, pude observar cómo una luz cegadora se abría ante mí, sentí un profundo amor que nos inundaba y pude ver esa luz arrebatadora en su última exhalación. Aquella luz me transmitía que seguiría unido a mí, pese a que partía lejos, fuera de aquel cuerpo ya sin vida. Era consciente de todo esto mientras veía la ambulancia y a los sanitarios que tomaban su cuerpo con el fin de salvarlo, en el caso de que hubiese constantes vitales, y que me conectaban a mí con el amargo recuerdo y la frustración de no haber podido cambiar la pérdida de mi padre, aunque la hubiera presentido una y otra vez. Por otro lado, acababa de recibir el regalo de acompañarlo en los últimos instantes de su vida en la Tierra y de ser partícipe del amor del espíritu que condujo su paso al otro lado. Esto cambió mis ideas y creencias no solo con respecto al suicidio, sino con respecto a qué sucede después de este en el paso al otro lado.

Antes de cerrar esta historia debo explicar a qué me refería anteriormente cuando dije que había vivido como una condena el conocimiento sobre el inevitable suicidio de mi padre. En la primera ocasión en que de niño canalicé a la Madre María, junto al Maestro Jesús, aquella hermosa mujer, un alma pura con ropas de color blanco que lo iluminaba todo, al comentarme cuál sería mi propósito de ayuda para los demás en la vida, me preguntó: «Hijo mío ¿qué deseas para ayudarte a cumplir tu misión?». Como niño, en aquel instante solo entendí que había que pasar por muchas dificultades para ayudar a quienes viniesen a mí, y durante todos esos años me atormenté cuando soñaba con la partida de mi padre, pues con el paso del tiempo tuve la conciencia de que el sueño se convertiría en realidad y no podría cambiarlo, y asumí que esa y otras situaciones desfavorables las había creado yo al decidir experimentar el dolor como la clave de solución para todas aquella almas y personas que acudirían a mí en el transcurso de la vida para obtener la ayuda que sus guías les querían aportar.

Sin embargo, tres días después de la partida, volví a tener un nuevo encuentro con la Madre María y mi amado Jesús, en el que me aclararon que yo había asumido que mi foco de atención debía estar en situaciones de dolor personal y que esto solo lo había creado yo, que ellos jamás produjeron ningún acontecimiento negativo y en este encuentro venían a liberarme y a ayudarme a elevar mi vibración, a limpiar las expiaciones que creía deber purgar, y me liberaron tanto del dolor como de la culpa autoimpuesta y, al subir mi vibración, ambos me tendieron la mano para generar un nuevo paradigma que me permitiese ayudar a los demás en una situación o estado de armonía y de ofrecimiento que se asemeja más al concepto de Dios. Y dicho estado es una profunda y fluida alegría por estar viviendo conscientemente en el estado original con el que fuimos creados.

Sesión 18

INCREDULIDAD Y SANACIÓN

Por más de una década tuve el privilegio de trabajar en un centro dedicado al desarrollo personal, ubicado en el sur de España. Allí viví esta experiencia de la que aprendí muchísimo, durante una de las sesiones que había sido reservada por Conchi, una señora que había oído hablar de mí y decidió venir para recibir el mensaje de sus guías. Cuando entró a la sala donde realizaba las sesiones, Conchi fue muy descortés en el trato, y casi ni me correspondió al saludo. De hecho, aunque le expliqué el procedimiento de la sesión y le sugerí que lo más adecuado es que no dijese nada y que solo escuchara (pues me llevaría unos minutos y una gran concentración conectar con sus guías), que al final de la sesión podría preguntar lo que deseara, la señora me interrumpió varias veces de una manera un tanto desagradable. Parecía que había ido a hacerme un examen y que estaba dispuesta a suspenderme.

Ignorando su actitud, me concentré en la conexión que Hamits estaba realizando con sus guías espirituales y vi a una chica joven, una adolescente que me transmitía la energía de haber experimentado una muerte trágica, un suicidio, para ser más específico. Había partido al otro lado después de ahorcarse y con esa información pude entender la actitud de Conchi. Muchas personas no superan la partida de su ser querido, sobre todo si, como era el caso, había sucedido a través de un suceso dramático, y se enojan consigo mismas y con el mundo y se agarran al dolor como si fuese lo único que les queda. Así pues, cualquier atisbo de ayuda para que suelten el dolor se convierte en enemigo, y este era el caso de Conchi.

A pesar de que había oído hablar bien de mi desempeño como médium durante años —y le habían recomendado infinidad de veces y por diferentes vías que organizara un encuentro conmigo, pues consideraban que podía ayudarla—, existía en ella un profundo rechazo a que alguien pudiese demostrarle que la otra vida existe y que pudiese liberarla del tormento de la culpabilidad con el que vivía. No se perdonaba el hecho de no haber podido predecir lo que haría la persona a la que ella crio como a una hija ejemplar, buena, amorosa, y no entendía cómo le había podido hacer eso, ya que si fuera preciso Conchi le hubiera dado su vida sin dudarlo. Y es que Conchi vivía para su hija Tania y la había ayudado a cosechar un sinfín de éxitos en su desempeño de atleta destacada, ganaba competiciones en el instituto y lucía feliz en su desarrollo de vida.

En este primer encuentro —y digo «primer» porque en un espacio de ocho años regresaría a distintas sesiones—, Conchi llegó convencida de que yo sería un charlatán más. Sin embargo, la conexión con su hija fue evidente, pues sin conocerla de nada le transmití una serie de mensajes que, sin duda, venían de Tania. Aun así, Conchi insistió sobre el porqué su hija le había hecho eso, recriminándoselo. Por su parte, la hija le expresó una y otra vez que ella no le había hecho nada, que la amaba y que había sido y seguía siendo la mejor madre que había podido tener, que su alma generó un impulso que la hizo tomar la decisión que tomó y que nadie le había hecho nada malo, como pensaba Conchi, que nadie la había ayudado a hacerlo y que ella era feliz. Tania quería que su madre entendiese que estaba bien, que no sufrió, que nadie le había hecho *bullying* y que quería que su mensaje aliviase el dolor y el enfado en el que Conchi se había sumido. Mi impresión fue que Conchi, aunque algo más tranquila, seguiría viviendo en ese enfado, ya que al despedirse pude percibir que estaba enojada, pues su expectativa de que yo fuese un charlatán no se había cumplido y esto pareció enfadarla más.

Transcurrieron los años y Conchi volvió al centro donde yo trabajaba con el fin de realizar una sesión individual. La verdad es que no recordaba el encuentro anterior, pero las sensaciones de que alguien venía a buscar el error en la consulta, poniéndome a prueba, se dieron de nuevo, así como su enojo al irse con respuestas que confirmaban para ella no solo la existencia de vida en el otro lado, sino que su hija estaba bien en el mundo espiritual, después de hacer un profundo trabajo de desarrollo de la consciencia para alcanzar aprendizajes que no concluyó en esta Tierra, como consecuencia de su decisión de partir. Además, su espíritu había alcanzado la consciencia necesaria para ser uno de los espíritus que guiaría por amor a sus familiares, con el compromiso de influenciarlos energéticamente y curar con sus mensajes la profunda herida que se alimentaba de sentimientos y sensaciones encontradas por tan trágica pérdida.

El carácter de Conchi se fue dulcificando poco a poco y, aunque todo aquello que sucedía en las sesiones escapaba a su comprensión, tan analítica, con cada una de ellas lograba obtener paz y sosiego. Recuerdo que, en nuestro último encuentro, al finalizar la sesión, me obsequió con este comentario: «Durante los últimos años he solicitado el consejo de mi hija, francamente, sin creer que fuera posible. En cada ocasión me dabas pruebas de su conexión conmigo y por la precisión de la información me iba enojada contigo. Yo esperaba que me demostrases que nada de esto era posible y así poder descargar mi frustración con alguien a quien podía tildar de charlatán. Y no solo me has demostrado la existencia de otra vida, sino que también me has dado la oportunidad de volver a tener paz al saber que mi hija está bien y la seguridad de que nos encontraremos en el momento que corresponda. Debo confesarte que cuando me explicaste que mi hija estaba en un plano en el que tendría que asumir el aprendizaje correspondiente para alcanzar el estado de consciencia adecuado, y que se ha convertido en mi guía espiritual, esa información me dio la paz de comprender que no está en algún infierno. La tranquilidad de saber que no sufrió y que su espíritu se alineó con la luz al solicitarlo desde el plano que le correspondía aprender, me ha liberado del pensamiento de que debí ser la peor madre del mundo por permitir que delante de mis ojos mi joven y bella hija se arrebatara la vida mientras yo era inconsciente de que esto podía sucederle. Por esto y por muchas más razones quiero transmitirte mis disculpas y mi agradecimiento».

Aquella experiencia me llenó el alma de alegría, pues vi que alguien que había pasado por un proceso tan doloroso y que exigía una curación por ambos lados sanaba, porque el espíritu de su amada hija desde su paso al otro lado y desde la consciencia alcanzada generaba la oportunidad de sanación de su familia de almas.

Sesión 19

«Y ENCONTRÉ A MI ESTRELLA»

Hamits me advirtió de que la sesión individual con Stella iba a ser muy dura por el tipo de pérdida que había sufrido y la manera en que esta se había producido, de modo que puse muchísima atención a cada palabra, imagen y sensación que mi guía me iba comunicando. Hamits me presentó a una joven de unos veintidós años con un rostro en el que podía ver con total claridad una profunda paz y una enorme alegría. No me refiero a la risa, sino a esa sensación de frescura de un ser afable que transmitía una gran positividad. Me mostró también que había partido de una muerte muy muy trágica, y mentalmente le escuché decir: «Ella es mi madre, quiero que escuches este mensaje detenidamente, pues yo fui asesinada hace seis años y, aunque en lo más profundo de su ser ella sabe que ya no me encuentro en el plano físico, viene buscando que le digas que sigo viva en la Tierra, y esto no es así, sé que va a salir muy dolida de este primer encuentro».

El espíritu de su hija presuponía que habría más encuentros y eso me tranquilizó, porque transmitir tan delicado mensaje generaba en mí una enorme responsabilidad. Se trataba de un tema muy duro, pero esta transmisión, lejos de dañar, debería liberar a Stella del dolor en la medida de lo posible y generarle paz a ella y al resto de los familiares. El espíritu quería que conocieran el mensaje que estaba preparado para decirles, y me llevó unos minutos de silencio tratar de organizar la información, lo que parecía desconcertar más a Stella. Comencé diciéndole: «Hay una joven de unos veintidós años que se va acercando para comunicarse con usted, no sé por qué me enseña todo el tiempo la imagen del símbolo de la estrella». Le pregunté a su madre si tenía algún sentido para ella y me dijo: «Ese es el nombre de mi hija», y mientras lloraba desconsolada y con el movimiento de su cabeza parecía negar lo que estaba pasando, me permitió proseguir con su mensaje.

«Mamá, quiero explicarte muchas cosas —le dijo Estrella—. La primera es que te amo, que estoy bien en el mundo espiritual, que son ciertos esos encuentros que tenemos a través de tus sueños. Soy yo la que cruzo el umbral a la espera de que en sueños vengas a este encuentro donde las almas de este lado y las de tu lado nos reunimos.» Estrella describió también un proceso de despertar espiritual, de carácter intuitivo, que se había dado en Stella después de su desaparición, un despertar en el que encontraba paz, pero que negaba, pues todos habían asumido que la desaparición de Estrella se debía a un secuestro. Habían pasado ya muchos años, pero al no haberse encontrado el cuerpo físico de su hija, ella tenía la esperanza de que un buen día Estrella aparecería. Esto le daba fuerzas y, al mismo tiempo, debilitaba aquella colección de momentos intuitivos que experimentaba Stella, quien ahora, con los mensajes de su hija, era consciente de que Estrella estaba en el otro lado.

Yo no podía calcular la magnitud de lo que estaba sucediendo en ese momento dentro de Stella, al hacerse consciente de que Estrella ya no vivía entre nosotros y conocer que no encontrarían su cuerpo físico. Sin embargo, desbordada por aquella información, Stella reconoció que en lo más profundo de su ser sabía positivamente que la conexión con Estrella y la información que la hija le proporcionaba en la sesión eran tan ciertas como que estaba allí sentada delante de mí. Stella pareció conectar con una comprensión libre de las emociones de frustración por la falta de justicia en la muerte de su hija. Estrella le explicó que ella y diferentes miembros de la familia eran parte del mismo grupo de almas que por amor habían decidido vivir muchas experiencias juntas en vidas anteriores y que habían programado de nuevo el encuentro en esta existencia. También le hizo saber que esta forma de morir, que relató como un proceso rápido y en el que no había sufrido, también estaba programada, pero no para causar dolor, sino porque, como otras muchas partidas que consideramos injustas e injustificadas, era parte de un sacrificio que muchas almas deciden hacer, generando eco por la forma en que se produce esa partida, sensibilizándonos para generar cambios en la humanidad.

Durante cientos de miles de años, la humanidad ha generado muchas manifestaciones distorsionadas del código original de consciencia: el amor incondicional. Cuando experimentamos la separación con el todo y entramos en la individualidad del ser, olvidándonos de nuestro propósito al nacer, con el fin de reconectar con este a través de la experiencia, muchas veces no somos capaces de lograrlo y nos cuesta otra experimentación a modo de encarnación en la Tierra, por ejemplo. En estas experimentaciones hemos conectado o creado distorsiones del amor que nos han llevado históricamente a guerras, asesinatos, violaciones..., experiencias que han creado unas memorias telúricas, o sea, cúmulos de energía distorsionada que se quedan en la Tierra a la espera de que esa distorsión vuelva al estado original de consciencia. Algunas veces lo conseguimos de manera individual a través de lo que hemos planeado para experimentar, y otras veces venimos a realizar esos cambios de manera colectiva y para el despertar colectivo. Esas memorias telúricas van desde la culpa a la ira, pasando por la rabia, o por el miedo en diferentes intensidades que nos hacen volver a representar cosas terribles que calan en nuestra sociedad, y esto nos hace generar cambios. El alma de Estrella (junto al grupo de almas) había venido a producir cambios de consciencia, pues con su desaparición sus padres movieron un sinfín de recursos que involucraron a muchísimas personas en una gran cruzada de concienciación y apoyo social, propiciando cambios que nos permiten generar cierta empatía y compasión hacia el otro. La movilización de los padres favoreció modificaciones en las estructuras políticas relacionadas con la seguridad que nos benefician a todos, y también pequeñas transformaciones que calaron en muchas personas.

Tal como Estrella predijo, hubo una segunda sesión transcurrido un tiempo desde nuestro primer encuentro en el que Stella parecía haber dado un gran cambio. Había podido transmutar el dolor y trabajar mucho el perdón, se había nutrido de diferentes filosofías espirituales con las que resonó y, sobre todo, tuvo ese privilegio de conectar a través de los sueños a medida que fue asumiendo aquella conexión espiritual que se había despertado después de la partida de su hija; una conexión que ella misma no sabía definir, pero que en sus propias palabras era generadora de una gran paz interior y que —según me confesó— en algún momento le hacía avergonzarse de sí misma, pues se suponía que debía sentir dolor. Esa pena honda se había desvanecido al asumir que su hija había cambiado de estado, pero seguía viva, guiándola hacia una nueva visión y hacia una misión importante, que era la de compartir con otros seres que pudieran estar atravesando una pérdida similar, además de impulsar muchos cambios sociales, creando encuentros hasta el día de hoy donde transmite su experiencia, realizando el trabajo que su alma (en colaboración con otras) ha venido a efectuar, tal como dijo Estrella.

Fue así como se produjo un profundo trabajo de aceptación y de honra hacia lo que el espíritu de su hija definió como una partida a modo de sacrificio para crear consciencia a nivel global, un acto de amor infinito y de entrega que miles de almas hacen con el único fin de que esas memorias telúricas de emocionalidad densa dejen de vibrar como experiencia, pues mientras más despiertos vivamos, más conscientes somos de que podemos generar experiencias que nuestras almas quieran venir a experimentar en frecuencias de amor, en lugar de miedo. Ciertamente, se aprende mucho de encuentros como este, donde el espíritu nos produce un despertar con la sabiduría de la que formamos parte y que solo aguarda a ser rescatada para experimentar en plenitud.

Sesión 20

«QUE SE VAYA AL INFIERNO»

Una experiencia que recuerdo como muy intensa y sanadora fue la de María Elena. Ella reservó una sesión para conectar con sus guías espirituales, pues al parecer había partido ya hacía un año su abuela materna y quería establecer conexión con ella. Hamits preparó la conexión desde el otro lado y vi, en efecto, a una señora y por su vibración supe que era su abuela. Por la expresión de Elena pude ver que se alegró mucho y la sesión fue transcurriendo en un tono amoroso con los mensajes que le transmitía su abuela, que le generaban paz y esperanza. La abuela me narraba acontecimientos que sucederían en el futuro de su querida nieta y que le prometían una vida en paz, a través de un proceso de sanación emocional del que hacía mención, pero en el que no parecía muy dispuesta a profundizar. Pude observar que cada vez que su abuela mencionaba la palabra *sanación,* Elena parecía estremecerse y demostraba cierta incomodidad. En un momento dado, su abuela se despidió de ella pidiéndole, casi como un favor personal, que escuchase atentamente al siguiente guía que vendría a presentarse en la sesión.

Me llamó poderosamente la atención el hecho de que, en ese preciso instante, Hamits generase una energía de amor y contención en el aura de Elena y que otros espíritus guías de ella, así como maestros espirituales sanadores que se presentaron de la mano de Hamits, comenzaran a generar una frecuencia que, sin lugar a duda, indicaba que acontecía un milagro sanador espontáneo que cambiaría el curso de su experiencia subjetiva y le daría a Elena una nueva interpretación del mundo. Me preparé para asumir lo que fuese que querían comunicar y, en ese momento, escuché el nombre de José y acto seguido sus palabras: «Soy José —me dijo—. Antes de que le comuniques quién soy, quiero que veas mi partida», y me mostró un escenario violento, ya que él había querido asesinar a su esposa. Afortunadamente, su esposa perdió el conocimiento después de que José la atacara con un arma y la creyera muerta, suicidándose él a continuación.

Al observar todo aquello se me hizo un nudo en la garganta que perpetuó el silencio unos minutos más. Le pedí a Hamits que me guiase para escoger cada palabra que transmitiría a Elena, pues, por cómo se estaba desarrollando la sesión y tras los mensajes de su abuela, yo sabía positivamente que no le iba a hacer ninguna gracia el mensaje de José. Sin embargo, confié en que Elena iba a respetar la solicitud de su abuela, así que me lancé y le comenté: «Se acerca un señor que partió con mucha violencia y me enseña el nombre de José». En ese momento, Elena comenzó a llorar y a decir: «No no no. Él debe arder en el infierno». Su respiración se aceleró, pedí a su guía que esperase y la ayudé a relajarse indicándole que respirara lo más lenta y pausadamente que fuera posible. Cuando consiguió tranquilizarse le dije: «Si te parece bien, creo que antes de establecer contacto con este ser, me gustaría preguntarle a mi guía espiritual, Hamits, por qué tu abuela te ha pedido que escuches con atención el mensaje de este espíritu que tú no quieres escuchar. ¿Te parece bien?», le pregunté. Y Elena, ya mucho más tranquila, me respondió que sí.

Hamits comenzó a mostrarme muchas escenas de la vida de José en la Tierra. Se veía una infancia en la que el maltrato y el miedo a ser abandonado eran sus compañeros, miedos que fueron acrecentándose y que, tras la apariencia de una persona tranquila, habían forjado una personalidad en la que el único lenguaje, la única forma de comunicación, era la agresividad, que se había convertido en su forma de vida. Pese a haber construido una familia con una esposa y dos hijas ejemplares, su forma de amar consistía en controlar y en oprimir y, en su estado de miedo más limitador, su comunicación era la agresión, presumiendo con ello de que él era quien tenía el control. Esa fue la dinámica hasta que su esposa sacó fuerzas de flaqueza y se divorció, estableciendo con sus hijas un nuevo hogar en el que creyeron estar protegidas de la influencia de José. Ese acto de amor que la familia había hecho para sí misma, al ponerse a salvo de José, estaba limitado por el miedo a las represalias que estaban convencidas de que llegarían en algún momento. Y así fue. Después de toda una vida de maltrato, José perpetró su acto de violencia, creyó haber asesinado a su mujer y luego se arrebató la vida a sí mismo.

La confusión se apoderó de mí, pues entendía que Elena no quisiese ni oír hablar de su padre, pero también estaba seguro de que el mensaje de este era importante para ella. Tras ir transmitiéndole cada palabra que Hamits me mostraba, la magia comenzó a darse. Me hizo explicarle a Elena cómo es el proceso de incorporación al mundo espiritual tras la partida de cualquier persona y tras una partida como la de José. Me contó mi guía que el alma de José había diseñado un plan de vida justamente contrario a la experiencia que desarrolló en la Tierra, pues había planeado trascender su profundo miedo al rechazo y explorar el amor hacia sí mismo y hacia los demás, un plan que muchas almas amorosas como su esposa e hijas vinieron a apoyar. Sin embargo, desde su inconsciencia y libre albedrío, José experimentó, distorsionada, justo la otra polaridad, lo cual no lo excusaba, y en su paso al otro lado tuvo que experimentar un crecimiento en los planos correspondientes a lo que había manifestado en su experiencia en la Tierra con respecto a sí mismo y a los demás.

Cabe explicar que los guías no hablaban de un infierno donde se recibe castigo, pero he escuchado a Hamits explicar en infinidad de ocasiones que, al igual que experimentamos la vida de formas y maneras diferentes, igual sucede tras nuestra partida. Cuando cruzamos al otro lado, todos comenzamos a ser parte de la multidimensionalidad. Si simplificamos este concepto y entendemos el otro lado como el plano astral y el plano multidimensional, podemos imaginarnos un edificio muy alto, como un rascacielos, al que todos tenemos acceso. Podemos acceder tanto al edificio como al ascensor que nos transporta de planta en planta, y entender cada planta como planos de consciencia. Las plantas superiores son los planos donde mayor luz, amor y armonía existen, y se alcanzan a través de la consciencia de que formamos parte de un todo y fluimos conectados a ese todo desde el amor infinito hacia nuestro ser. En cada plano de consciencia en el que nos encontremos, hacer uso de esta consciencia nos hace elevarnos en unión con el todo.

En el caso de José, su partida estaba llena de violencia, de agresividad, de odio, de miedo, de una oscuridad, en fin, que él mismo creó. Y una vez que se arrebató la vida, y ya sin forma física, su espíritu —según nuestra medida del tiempo— pasó muchos años en la Tierra, un periodo en el que lo único que percibía eran estas emociones densas, como si su cuerpo mental estuviese conectado con la frustración. Y a medida que experimentaba ese aislamiento mental, los estados de violencia fueron derivando en la culpa, que por un tiempo acompañó a José, y hacia un estado de consciencia de toda la distorsión, dolor y frustración que había creado en su paso por la Tierra. Esta fue la llave para que, desde el entendimiento que alcanzó en su estancia en esa fase astral, comenzara a experimentar la necesidad de regresar de alguna manera a remendar el dolor que había creado. Y cuando la compasión lo llevó a subir su frecuencia en el otro lado, alcanzó planos de consciencia desde donde, como guía espiritual, podía arrojar luz y asistir a sus familiares, a los que tanto había dañado.

Cuando Elena escuchó todo esto, confusa todavía y no sé si aliviada al saber que su padre de alguna forma había purgado en el otro lado el dolor que causó —o al menos así lo dijo ella—, se decidió a dejarle expresar aquello que su abuela materna como guía le había pedido escuchar, y así lo hizo. José le dijo una y mil veces que sentía mucho todo lo ocurrido y agradecía ahora esta oportunidad. Le explicó que ya era hora de que se liberasen del dolor, del miedo y de la rabia, pues haber vivido con él había generado en su esposa e hijas una visión de la vida muy limitada, en la que el miedo empañaba la oportunidad de disfrutar de cualquier pequeño momento, pues, aunque José no estaba ya en la Tierra, su sombra aún permanecía presente.

Mientras José hacía su desarrollo en esos planos de distorsión que lo tuvieron preso de sí mismo, pudo observar la vida de sus hijas y de su esposa, y experimentar su impronta en sus experiencias. Por el miedo, a modo de defensa, ellas habían generado rabia, temor y la sensación de que nunca volverían a ser felices, pero José conocía ahora el proceso que él denominó de «purificación del alma a través de la consciencia», y transmitió que, especialmente en Elena, por ser la hermana mayor, se había creado un sentimiento de culpa en la niñez por la frustración que experimentaba al no poder hacer nada para ayudar en la casa frente al maltrato vivido, y ese sentimiento, capa a capa, creaba una especie de crisálida casi impenetrable que, en su paso al otro lado, podía llevarla en el astral a planos de conciencia en correspondencia con esos estados. Y es que la culpa es una de las emociones que nos atan en este y en otros planos a una vibración baja, y que nos impiden asumir que somos un estado de consciencia de amor puro.

Lo que estábamos entendiendo es que José, después de alcanzar un estado de perdón hacia sí mismo, había purificado su espíritu y, además, tenía la oportunidad de disolver el mal que seguía causando su recuerdo, enseñando a su hija a soltar a través de su mensaje. Puedo asegurarte que lo que se experimentó en esta sesión a nivel energético fue algo auténticamente mágico, y por lo que Elena reflejaba a través de sus palabras y de su comportamiento parecía como si se hubiese liberado de una pesada carga que la asolaba y la perseguía constantemente. Todos los maestros sanadores que participaron en la sesión, junto con Hamits y los guías de Elena, realizaron la sanación energética que produjo aquella mágica purificación. Elena me dijo: «¿Sabes? No estoy preparada para asumir que él sea un guía espiritual. Hoy algo cambió dentro de mí positivamente y hacia mejor, y siento la necesidad de compartirlo con mi madre y con mi hermana, y sé que les va a pasar lo mismo».

Tiempo después de esta sesión le pedí permiso a Elena para escribir sobre su historia y me lo concedió. Le solicité también si podía escribirme unas palabras de su experiencia, antes y después de su sesión, y me dijo literalmente lo siguiente: «Fui víctima de un abusador durante toda mi vida y, después de su muerte y hasta la sesión contigo, no me di cuenta de que, además de todo ese dolor, yo misma me había generado una cárcel de amargura y miedo de la que no era del todo consciente, pues la necesidad de autoprotección nubló mi manera de percibirme a mí misma y a la vida. Y sí, es cierto que después de ser consciente de que no lo merecía y de asumir que ya no iba a sucederme más, fue cuando se disolvieron el miedo y la furia, como si se hubiese detenido el tiempo, como si pudiese ver todo con detenimiento, como si pudiese actuar sobre lo que estaba sucediendo, era capaz de discernir dónde estaban los límites que me permitían experimentar una cosa u otra, pongamos el dolor o la felicidad, y desde ese escenario desde el que podía ser consciente de mí, me dispuse a soltar y entendí que era el momento de perdonar el desastre de aquello que viví, pero con lo que no me reconocía. Y todo comenzó a cambiar. No sé qué sucedió, pero sí que desarrollé este mecanismo de detener el tiempo en mi cabeza y hacerme cargo de dónde quiero estar y de qué dejo fluir en mí, y eso te puedo decir que, en gran medida, se debió a la sesión con mis guías, a aceptar que la vida sigue en el otro lado y que desde allí quizá no se puedan borrar las señales de la herida, pero sí sanarla. Por otro lado, también me hace infinitamente feliz y me da paz saber que mi abuela amada estará esperándome, como muchos otros espíritus, y eso hoy más que nunca no solo me da esperanza, sino que me permite asumir mi responsabilidad en mi paso al otro lado. Sé que ahora voy a aprender a amarme y a amar la vida para que, cuando me toque pasar al otro plano, ese mismo amor sea la llave que me conduzca ahí donde están los que me aman».

Sesión 21

LA DESNUTRICIÓN ESPIRITUAL

Era el segundo encuentro que había organizado Ana Lucía con sus guías espirituales, por lo que antes de comenzar la sesión me comentó que venía muy ilusionada, a la espera de que su padre y sus abuelos la felicitasen por los logros que había manifestado desde nuestro primer encuentro.

Por lo que pude comprobar a medida que sus guías espirituales iban comentando en esta ocasión, el espíritu que decidió llevar las riendas en la comunicación desde el otro lado era el padre de Ana Lucía, quien al parecer ya se había hecho cargo de darle pautas de modificación de algunas actitudes para que Ana pudiese experimentar la vida desde la plenitud, y no desde el vacío existencial que había vivido desde su infancia, pues su madre había padecido y seguía padeciendo alcoholismo, por lo menos hasta donde supe en la sesión que estábamos realizando.

Los espíritus, como he mencionado en ocasiones anteriores, siempre nos dan las pautas que nos hacen falta para que nos liberemos de condicionamientos o traumas que nos restan energía y entorpecen nuestro proceso de vida, porque, aunque ellos sostienen que elegimos las experiencias, por duras que nos parezcan para nuestro mayor bien en el plano evolutivo de experimentación, a veces nos quedamos atorados en esas pruebas que elegimos desde el planeamiento de nuestro propósito antes de la concepción y del nacimiento, y una de sus finalidades es, precisamente, sacarnos de esos bucles.

Mis facultades como médium y vidente, aunque nunca lo suelo mencionar, se enriquecen de una particularidad que diferencia mi trabajo de otros profesionales. No digo que sea mejor, solo que la capacidad mediúmnica es muy particular y, pese a que la conexión puede ser más o menos clara, cada uno tiene unas cualidades diferentes. La mía es poder afectar, impactar o generar cambios tanto en la energía como en la mente de las personas que realizan una sesión, pues nací con esa capacidad. Este es un proceso muy particular y personal que en cada individuo alcanza una dimensión diferente, según sus bloqueos, su proceso evolutivo o su estado vibracional. Cabe recordar que todo es vibración en el universo y que, si estamos instalados en la queja, por ejemplo, nuestra vibración, además de ser más densa, influye en nuestro foco de atención y las experiencias que vamos a vivir serán experiencias que apoyen ese tipo de ideas y pensamientos.

Como explica la primera de las siete leyes espirituales del *Kybalión,* todo es mente en el universo, de manera que nuestra mente actúa desde donde elegimos vibrar, y mi don y mi facultad entregados al servicio del espíritu generan cambios de frecuencia vibratoria y de atención. Por eso, muchas personas declaran que una sesión les cambió la vida. Los maestros que me acompañan y los guías de las personas que acuden a las sesiones, en combinación con el vehículo que soy, generan esos cambios, como sucedió en el caso de Ana Lucía.

Antes de proseguir con su historia, me gustaría hacer un último apunte sobre esta cuestión. Lo que comento no significa que por asistir a una sesión se produzca el milagro que se espera y que podamos ahorrarnos trabajo personal, sino que el milagro lo generamos nosotros mismos con la apertura a la información que expande nuestra consciencia. Yo solo soy un mecánico espiritual que sabe qué piezas hay que potenciar o qué heridas sanar, y cada caso tiene una intensidad particular. El resto no lo manejo yo, es más, hay casos en los que por consejo de los espíritus no es el momento de intervenir.

En el caso de la primera sesión de Ana Lucía, sus guías y yo habíamos trabajado en la reprogramación de su energía emocional, pues con un padre que había partido cuando ella apenas tenía dos años de edad y una madre que casi no podía hacerse cargo de ella ni de sus hermanos por el alcoholismo mencionado anteriormente, Ana había buscado el amor allá donde su foco de atención le permitía poner la mirada, y este no era otro que la carencia afectiva y el castigo o, mejor dicho, el autocastigo como rechazo de sí misma. Una poderosa creencia de que debía ser amada, aunque no se consideraba digna de amor, la había impulsado a una búsqueda, y a relacionarse con personas quizá más enfermas emocionalmente de lo que ella estaba experimentando, relaciones muy desequilibradas que lo único que le aportaban era más dolor como rechazo a sí misma, pero que en contrapartida le habían dejado un gran regalo: tres hijos que se había prometido sacar adelante, como si fuera una cruzada personal, aunque fuese a duras penas y con mucho sacrificio.

Inconscientemente, Ana Lucía se había prometido no ser como su madre, a la que odiaba profundamente y a la que había convertido en la fuente de todos sus males, e incluso a la que había apartado de su vida desde que pudo sostenerse económicamente a muy temprana edad, trabajando en cualquier cosa que le saliera para mantenerse a sí misma y, posteriormente, a sus hijos. De modo que, en esa primera sesión, sus guías la ayudaron a realizar cambios en su mente inconsciente, pues el mayor deseo de Ana era ser amada no solo por sus hijos, pues ya contaba con ese amor, sino por una pareja que valiera la pena, como ella misma exclamó.

Seis meses después de poner en práctica las dinámicas espirituales aconsejadas, leer los libros recomendados, y con la ayuda de una terapeuta —consejos que sus guías le dijeron que eran necesarios y Ana aceptó a regañadientes, pues ya había conocido a muchos, según ella—, pudo entender que era hora de dejar de acusar a nadie y desarrollar una mirada de amor hacia todo y hacia todos con los que había convivido hasta el momento, incluida su madre, entendiendo que nadie era culpable del desafío que su alma había decidido experimentar. Y hasta que no asumió que la autorresponsabilidad de que su proceso era la llave de la autosanación, no salió de ese enfoque enfermizo que la bloqueó durante décadas e incluso durante posibles vidas anteriores, y que ahora, como una asignatura pendiente, venía a superar. Así que por la cuenta que le traía, se puso manos a la obra y generó que tanto su foco de atención como algunas ideas sobre ella y sobre el mundo, cambiaran.

Ana Lucía estaba más o menos feliz —y entenderás ese más o menos feliz a medida que avances en la lectura de esta historia— con su nueva pareja, que era un hombre con muy buenos sentimientos y que estaba abierto a compartir la felicidad. Tal y como la misma Ana afirmaba, y se confirmaba después de que sus guías compartieran conmigo esa información, él era alguien que la amaba por ser quien era.

Fue entonces cuando mentalmente pregunté a sus guías: «¿Si ya alcanzó su meta, ¿qué hace ella aquí de nuevo?». Y lo que sus guías estaban a punto de mostrarme me dejó de una pieza, y de verdad volví a entender que todo es parte de un plan perfecto, y a recordar aquel dicho que escuché muchas veces de que «el hombre propone y Dios dispone». Aunque Ana presumía de ser feliz, sus guías espirituales dijeron: «Su ego es bien terco, decidimos conducirla a la sanación de una parte de su vida, que ella creía que era la sanación de todos sus males, para que se diera cuenta de que escapar de esa ciénaga farragosa lleva muchísimo tiempo, realmente depende de ella misma y no del amor que una pareja le profese. Pues ciertamente no había repetido el patrón de su mamá de suicidarse lentamente ahogando su dolor en el alcohol y creyéndose alguien desdichada por no tener la vida que creía que se merecía, pero Ana Lucía eligió la comida como escape, después de pasar por episodios de bulimia y de anorexia durante muchos años con el fin de estar delgada para ser aceptada. Como puedes ver, sus problemas con la comida han generado esa obesidad mórbida con la que lucha desde que tiene uso de razón».

En ese momento se acrecentó más si cabe mi confusión, pues ese problema ya era evidente en la sesión anterior y, sin embargo, los guías no hicieron ninguna mención al respecto, y como no soy endocrino ni dietista ni ellos dijeron nada, pues yo ni le presté atención a eso. Sin embargo, los guías, inteligentemente, le habían puesto, por así decirlo, «la zanahoria al caballo», haciendo que consiguiese lo que deseaba, como prueba de que con pequeños cambios (como he mencionado antes) pudiese manifestar su objetivo, y para demostrarle que no era una víctima y que, además, tenía y tiene la capacidad de crear su realidad, capacidad que todos tenemos en cualquier circunstancia en la que nos encontremos. Ana Lucía no podía sabotear esta prueba ni sabotearse a sí misma diciendo que el encuentro con este hombre amoroso era fruto de la casualidad, sin embargo, seguía saboteándose a sí misma, pues en su mente continuaba diciendo y creyendo que podía ser abandonada en cualquier momento, ya que no tenía el físico que según su mentalidad y sus creencias suponía que debía tener, y pensando que cualquier persona podía ser mejor que ella.

Mientras sus espíritus guías —en este caso, su padre en nombre de todos— relataban sus ideas y pensamientos, Ana no dejaba de asentir con su cabeza, al tiempo que brotaban lágrimas por su bello rostro. Cabe añadir que su tez blanquecina y aquellos ojos azules empañados de lágrimas eran el rostro de una hermosa mujer que se ensombrecía, como si hubiese puesto un biombo de vergüenza que la separaba del mundo y no dejaba ver la luz que solo en contadas ocasiones, y en ambientes donde se sentía segura, reflejaba aquella maravillosa sonrisa.

Sus espíritus le preguntaron: «¿Quieres de verdad entender qué te sucede?». Y ella, con un profundo llanto, exclamó determinantemente que sí. Fue entonces cuando su abuela materna y Hamits intervinieron. Su abuela se presentó y le dijo: «Nieta mía, cuando estuve en la Tierra desarrollando mi plan fui una mujer entregada a la crianza de mis nueve hijos. La vida, la Guerra Civil y la posguerra dejaron heridas no solo en el cuerpo, sino en el alma. Vi morir a vecinos, conocidos, familiares, y a mi hermano Javier, mi amado hermano, que con apenas quince años fue alistado para combatir. Un odio y un dolor profundos me llenaron el alma de oscuridad y dejé de creer en todo y no quise volver a amar a nada ni a nadie con ningún tipo de afecto. Tu madre, la más pequeña de mis hijos, siendo una niña que necesitaba amor solo tuvo responsabilidades, deberes y castigos. Sin saberlo, generé una herida aún mayor haciendo que pagara por mi pérdida y que perdiera cualquier pensamiento de esperanza, cualquier sueño, cualquier idea de que la vida pudiese ser algún día mínimamente mejor, pues me avinagré y avinagré toda idea de una vida mejor.

»Cuando llegué al mundo espiritual, me di cuenta de que no superé mi prueba de abandonar el dolor y entender que la muerte no existía, pues me obsesioné con la cruenta muerte de mi amado hermano, e hice de la muerte de un inocente la excusa para matar la inocencia de todo lo que me rodeaba. Tuve que trabajar mucho en el mundo espiritual para salir de esos planos densos vibratorios y llegar a la luz, con el poderoso deseo de restablecer lo que había empañado y entender que todos los que amo eligieron, también por amor, duras pruebas para restablecer el equilibrio. Desde mi llegada a la luz he estado esperando el momento de esta comunicación fluida, cuidando amorosamente de todos vosotros y entendiendo que, como yo, tienen la oportunidad de generar un momento liberador para que, cuando lleguen aquí, pasen a la luz de la que son parte, dejando atrás la oscuridad que producen el desamor y la tristeza.

»Te has criado desde el vacío y la exclusión, desde el pensamiento de que nadie te amaría a menos que te sacrificaras para salvar a otros. Hoy quiero liberarte de tan pesada carga, me gustaría que me la entregues y que te conectes con la luz del espíritu, con la luz de Dios, que en un ejercicio de visualización entregues todo aquello de lo que no te puedes hacer cargo a la inteligencia divina, que visualices una especie de pompa de jabón gigante que se lo lleva todo y que te abras a la ayuda y sueltes esa arrogancia que os transmití y que sigue de generación en generación, que aceptes tu vulnerabilidad, que es una fortaleza para nutrirte de la luz del todo. Sé que en tu mente esto puede parecer un chorrada, como dicen ahora ahí, pero si lo haces, si entregas y luego visualizas en el mismo procedimiento, día tras día, lo que deseas, te harás cargo del gran don que es el uso consciente de la mente, pues llevas haciendo uso toda la vida de este don de forma inapropiada, generando en ti una desnutrición espiritual, que es una enfermedad que asola tu tiempo, pues son muchos los que se han desconectado del todo haciendo uso inconscientemente de la dualidad, creando verdades absolutas de que nada existe, sino lo que se puede tocar y percibir con los sentidos, y rechazando la auténtica verdad de que el todo no solamente existe, sino que nos contiene. Y de que todo está contenido en nuestro interior, esperando a ser descubierto, y que ese descubrimiento al alcance de cualquiera y en cualquier momento es la puerta para salir de la ilusión que nos encierra en energías y vibraciones densas, que nos obliga a tener sensaciones, emociones o pertenencias que no nos hacen falta y que atoran el verdadero fluir de la vida para alimentar un único propósito: el de SER Y SER CONSCIENTE del lugar que ocupamos, de la oportunidad de representar lo que somos y volver al lugar al que pertenecemos.

»Ahora es el momento para muchos de conectar con el todo y nutrirse de este. En tu caso, mi amada nieta, es el momento de elegir otros pensamientos, de fortalecer nuevas ideas sobre ti, sobre los demás, sobre el mundo, y que te adueñes de la experiencia como lo que es, la verdadera oportunidad no solo de representar el propósito que antes de nacer definiste, sino también de crear, en tu libertad, tal como estás aprendiendo, oportunidades que libre y amorosamente apoyen tu propósito para que, cuando regreses a la verdadera verdad, escojas el camino de luz y de consciencia al que ahora sabes conscientemente que perteneces».

Aquel día entendí que ese fino hilo de conexión que poderosamente nos une y nos nutre del todo es el camino para entender nuestra experiencia en cualquier plano de consciencia en el que nos encontremos y que, trabajándolo y potenciando con consciencia, disipa cualquier dificultad que, aunque la hayamos elegido para aprender, podemos salvar simplemente con la unión consciente del todo que nos acompaña allá donde nos dirigimos, a pesar del camino que creamos que nos queda por recorrer.

III

La *diviunidad*

APRENDE A PARTIR PARA APRENDER A VIVIR

El otro lado se hace presente en nuestras vidas y cada vez su presencia es mayor, pues son cada vez más los relatos de cientos de personas que lo perciben, y de muchas otras que comienzan a percibir las señales de maestros y guías espirituales con el fin de que perdamos ese miedo a experimentar el hermoso viaje que a todos nos espera. Las historias contadas hasta aquí nos proponen no solo una guía para el manejo de nuestro cuerpo emocional, sino la consciencia de la comunicación con nuestra alma y nuestro propósito de vida, así como la certeza de que la vida que conocemos es un regalo para vivir intensamente. Y la intensidad a la que se refieren los espíritus no es otra que la de bendecir y agradecer estando presentes, y participando del pensamiento creativo evolutivo que comienza con la certeza de que nuestro paso por este plano es el comienzo. Si eres consciente de todo esto para sanar y purificar los bloqueos y salvar los desafíos, si eres consciente de que la vida es infinita, lo más probable es que comiences a hacerte cargo de tus pensamientos, ideas y emociones, y a aprender el uso de tu energía con el fin de crecer con amor y hacia el amor. Este es el comienzo para dejar una ardua experiencia y prepararte para un viaje infinito que, sin duda, será mejor de lo que puedas soñar. Ábrete a abandonar los hábitos, las ideas, las creencias y los comportamientos que te limiten o que limiten la existencia de los otros. Conecta con esa frecuencia amorosa y armónica con la que fuiste creado y permite que tu viaje sea sanador para ti y para otros.

En todas estas historias que he compartido hasta aquí, los espíritus guías de los consultantes mostraron la importancia de realizar cambios a través del entendimiento de que nada te sucede en realidad, sino que estamos motivados por infinidad de oportunidades y que desde una consciencia presente damos ocasión de modificar nuestra emocionalidad y, en consecuencia, adquirimos consciencia para soltar esos lastres y permitir que nuestra experiencia se transforme en un nuevo escenario que experimentar, en una versión actualizada de ti mismo que te empodera con esa herramienta que los espíritus denominan el pensamiento creativo evolutivo.

Muchas personas me preguntan cómo es que un espíritu guía puede estar con varias personas a la vez, incluso encontrándose esas personas en países o lugares diferentes por diferentes razones, como puede ser el caso de alguien que vive en España, pero tiene a sus hijos en Canadá estudiando. Quizá algún familiar del otro lado los guíe a todos. Para entender esto hay dos conceptos que me gustaría explicarte: el primero es la *simultaneidad* en la que todo el universo fluye.

Pero ¿qué quiere decir esto? En nuestra forma de concebir la realidad entendemos el espacio-tiempo como una verdad absoluta. Sin embargo, hoy por hoy, ya estamos preparados para entender que no solo existe la realidad tangible, pues a lo largo y ancho de este mundo miles de personas nos relatan sus contactos con el otro lado, ya sean experiencias cercanas a la muerte o miles de relatos de personas que pasaron al otro lado a través de ese túnel del que en su mayoría hablan y que regresaron para contar esas otras realidades que todos vamos a experimentar. Personas como el doctor Raymond Moody —con el estudio de casos clínicos que documentan muchos de esos fenómenos— o la doctora Elisabeth Kübler-Ross (entre muchísimos otros) nos han aportado su experiencia y conocimiento en el pensamiento científico que se acerca a estas otras realidades. Otros grandes maestros sobre el tema son los expertos en física cuántica, teoría de cuerdas, así como los estudiosos del doble cuántico, que nos acercan a esa comprensión que no solo enriquece nuestro conocimiento, sino que enriquece una visión que va más allá del hecho de que somos materia.

Mi trabajo como médium en estas décadas me ha ayudado a explicar la simultaneidad, transmitiendo mensajes que describían exactamente lo que los espíritus habían vivido durante su proceso de vida en la Tierra y, al mismo tiempo, estos espíritus narraban los acontecimientos que sucederían en el futuro próximo de los consultantes. Y puedo decir al respecto que el *feedback* que he recibido, en su mayoría —cerca de un 90 por ciento—, me confirma la veracidad de esos vaticinios. Por ello, otra de las preguntas que suelen hacerme es cómo es que se pueden narrar acontecimientos que no han sucedido y que sucedan tal cual. La respuesta es que todo en el universo está sucediendo y la manera de ser partícipes de ello es estar presentes en nosotros mismos, pues cada instante que se vive es una oportunidad de despertar en la consciencia, da igual que haya pasado o esté por suceder, pues sea cuando sea, el momento en el que te hagas presente en la simultaneidad comenzarás a conectar con el origen de donde partimos para experimentar el viaje de vuelta a casa.

El otro concepto es la *multidimensionalidad*. Cuando partimos al otro lado, la mayoría comenzamos a ser conscientes de que estamos en otro estado que no es físico, pues hemos cambiado de frecuencia y nuestro cuerpo energético, con la consciencia alcanzada y con su emocionalidad, pasan al otro lado. Por poner un ejemplo, si pasamos al otro lado con culpa, allí experimentamos este sentimiento con mucha intensidad. Esa nueva vida nos lleva a planos de consciencia que nos permitirán trascender lo que aquí, en la Tierra, nos quedó pendiente, de modo que, si la frecuencia es de culpa, en ese plano estaremos hasta que nuestro espíritu o alma (como lo queramos llamar) trascienda. Imagina que estás escuchando algo en tu cabeza que genera unas imágenes en la mente que se tornan en un sentimiento de culpa que se retroalimenta, y que cuando tu espíritu o alma se da cuenta de que nada de esto es real, que simplemente es una realidad creada por ti mismo en otras esferas de frecuencia por tu yo superior para experimentar, con el fin de trascender, eso es precisamente lo que sucede: trasciendes esa culpa y purificas tu alma de esa frecuencia que decidiste experimentar, y este ejercicio te lleva a otro plano de más luz, de más consciencia. Digo culpa como puedo decir miedo o cualquier otra emoción. Pero ¿por qué sucede esto? A veces, la encarnación en la Tierra es una experiencia muy desgastante cuando vibramos en frecuencias emocionales de ese tipo, y nos cuesta trascenderlas, y entonces lo hacemos en ese otro plano al que pasamos.

Pero también quiero explicarte que no estamos solos en ese proceso. Por eso quiero presentarte al Yo Superior. Pero ¿quién es el Yo Superior? Los espíritus cuentan que en el comienzo en el que el Todo decidió experimentar el código fuente, el amor infinito, como máxima expresión de consciencia, el todo se fraccionó en millones y millones de partículas, expandiéndose. Y con esta acción se creó lo que los guías espirituales llaman *reinos de consciencia* o, más comúnmente, llamados *planos de consciencia*. Imagina ese rascacielos que ya mencioné y en el que las primeras plantas están sometidas a una frecuencia más pesada por el ruido y la algarabía que se condensan a su alrededor, desde ruidos de coches a personas haciendo ruido o eco. Estas frecuencias, a las que puedes considerar la realidad cotidiana, te pueden sumir en una carrera estresante por la vida que limite tanto tu contacto contigo mismo como con lo que te aguarda esperando a ser descubierto, pero si vas subiendo de piso en piso en ese rascacielos, la luz, las vistas y el silencio de los pisos superiores te invitarán a estar en otro estado de conciencia y te permitirán tener una mayor visión desde una nueva altura y una mayor claridad, con lo que tu manera de percibirte a ti y a lo que te rodea cambia. Pues así es como vamos avanzando a través de una compresión mayor de nosotros mismos, que tiene lugar cuando pasamos al otro lado. Y en todo el proceso de la vida y de la muerte estamos acompañados por esa parte de nosotros que, desde arriba en el edificio y en conexión con todo, diseñó muchas experiencias.

En este proceso de experimentación, esa parte que somos, fraccionada en la frecuencia vibratoria del amor desde su alto estado de consciencia, ha diseñado un número de oportunidades de experimentación en muchos planos de consciencia. Así que todo esto es una oportunidad de aprender y avanzar en lo que llaman los espíritus *consciencia creativa evolutiva*, la cual sucede cuando estamos presentes y con una profunda mirada conectamos con la guía interna que, motivada por la luz, tiende a fluir en el propósito que cada cual escogió experimentar, si no nos atoramos en la emocionalidad de frecuencias tales como la culpa, el miedo, etcétera; frecuencias muy densas que ensordecen la intuición como camino.

La intuición nos muestra y nos hace conscientes de la oportunidad de realizar la ruta trazada antes de nacer para descubrir los escenarios por los que vamos a transitar y nuestra decisión de vivirlos despiertos en el presente, conscientes de que somos una pieza clave en un perfecto engranaje en evolución y crecimiento desde un código fuente original que es el amor infinito que todo lo alimenta. Cuando entendemos esto, desarrollamos esa mirada amorosa no solo hacia nosotros mismos, sino hacia todos los seres que conformamos, hemos conformado y conformaremos la humanidad, una mirada de amor sin separación de razas, credos o culturas. Y es cuando entendemos también la importante misión que tenemos como colectivo y que hemos venido, y vendremos una y otra vez, a desarrollar hasta que logremos impulsar y crear desde el amor y la amabilidad una experiencia digna de ser vivida y disfrutada por todos y para todos. Con esa consciencia se te revelará el plan individual que para el bien común tu alma ha venido a representar, y para esa contribución colectiva e infinita tanto los guías espirituales, como las experiencias de la partida o pérdida de un ser amado, son una herramienta más que nos da la oportunidad de abrirnos a experimentar un salto cuántico que arroja luz y desarrollo de la autoconsciencia.

También otras formas de experimentación nos apoyan a la espera del momento perfecto de nuestro despertar individual y colectivo, y al parecer este es el momento. Así que si has leído este libro, estoy seguro de que es tu momento de sentir las señales y comunicarlas, de abrir tu mente y tu corazón a la conexión con el amor del espíritu, entendiendo que nada te sucede, sino que tú eliges cómo quieres vivir y en qué consciencia vives el fluir de los acontecimientos.

Deseo desde la más profunda mirada de amor hacia ti y el todo que se revele la verdad de que estás en el momento y lugar idóneo para experimentar el milagro de la sanación y el privilegio de usar todas esas cualidades con las que has sido bendecido. Que la magia sea el vehículo que muestre la manifestación perfecta, esa que te mantiene despierto.

CANALIZACIÓN FINAL: LA *DIVIUNIDAD*

Cuando creí que las páginas anteriores iban a constituir el cierre de este libro, sucedió algo extraordinario y mágico. Guiado por Hamits pude trasladarme a una dimensión donde sucedió una apertura de consciencia y pude experimentar mi despertar. La Voz se mostró y me reveló la información que, a continuación, comparto contigo, tal como me solicitó.

«Yo, la Voz, soy la divinidad que te acompaña, te abraza, te envuelve. Solo hasta que entiendes esto y te abres a mi compañía, la individualidad desaparece y te despojas de las miserias del personaje que representas, para reconocerte como lo que eres: un ser divino hecho a mi imagen y semejanza, pues soy creador. Y cuando entregas y te entregas con el verdadero y más amplio sentido de esta acción, todo se revela y dejas de estar solo, perdido, porque comienzas a estar conectado con la fuerza que te impulsa a existir y te motiva a que seas un ser completo, sin carencias, que acepta donde está y entiende que forma parte de cada instante que presentemente sucede en el todo. Y esto te alinea con una fuerza que, poderosamente, te comprende y te inunda de alegría, de entendimiento, de una fuerza curativa que te sana y que, desde ese preciso instante de despertar, te hace saber que ya has llegado, que ya nada y todo carecen de importancia porque vives en la entrega absoluta, pues el viaje que iniciaste nunca lo iniciaste solo y el darte cuenta te sitúa en la unidad. Así es.»

Decidí transmitir todas estas experiencias que he narrado anteriormente y que marcaron positivamente la vida de las personas que participaron en las sesiones, pues estoy seguro de que la lectura de este libro ayudará a aquellas personas que necesiten conectar con esta información en el momento exacto, ya que el espíritu siempre aguarda el instante para que, por miles de vías y de canales, se haga presente en el momento en que estamos preparados para recibir la gracia. Me siento bendecido y afortunado por haber disfrutado del regalo de ser el canal que pudo ayudar a despertar consciencia a muchas personas a las que bendigo. A todas ellas les doy gracias por darme la oportunidad de cumplir parte de mi cometido, y te agradezco también a ti que hayas leído estas páginas, pues el propósito es serte útil en tu proceso personal y espiritual.

Entiendo que algo que para mí es tan natural como el respirar, otras personas están en el proceso de descubrirlo y desarrollarlo, o simplemente comenzando a reconocer el vínculo espiritual. Y no me refiero a que conecten con sus guías espirituales a través de una sesión, me refiero a que estamos en un tiempo en el que los velos que separan este mundo de otros mundos o planos de consciencia están a punto de desaparecer, ya que estamos en un momento crucial evolutivo de la humanidad. Ciertamente, la humanidad como tal ha vivido instantes de luces y de sombras que han generado cambios realmente importantes a muchos niveles y en muchos aspectos. Sin embargo, muchos planos, muchos mundos desconocidos por la gran mayoría, entre ellos el plano de los espíritus, se han estado preparando para ayudarnos en nuestra apertura de consciencia como parte de nuestra responsabilidad para elevar nuestra vibración. No digo que sea fácil, ni que se produzca de la noche a la mañana, o tal vez sí, pero sí te digo que todos los que poblamos este plano en este momento hemos elegido (antes de existir en los personajes que representamos y más allá de rasgar los velos) ser realmente los impulsores que cambiemos el curso de la historia tal y como la conocemos, pues de la mano de la ciencia y del avance de la tecnología —una tecnología más allá de la que conocemos, y que no es otra que la tecnología del alma— estamos a punto de conectarnos de manera consciente con la potencialidad del SER.

Pero ¿qué significa esto? Más allá de la comunicación de célula a célula, la comunicación extrasensorial y otras habilidades mucho más avanzadas como los viajes a otras frecuencias y planos o dimensiones (o, mejor dicho, los puentes para la conexión con estos) que ya están a nuestra disposición para que despertemos a la auténtica realidad del todo, esto pasa por reconocernos, como dije anteriormente, como seres no duales, separados de la consciencia divina o la *diviunidad,* un término que le encanta emplear a mi amado Hamits y que da nombre al método que comenzaré a impartir por todo el mundo próximamente.

En este tiempo convulso que estamos viviendo y que seguiremos pasando, y mientras formamos parte de ese proceso de apertura, los puentes antes mencionados nos dan la posibilidad de ayudarnos a entender que no solo estamos aquí con un cometido individual, sino que esa parte del tejido cósmico que somos ya está preparada para elevar consciencia no solo desde la razón, sino rindiéndonos a reconocer que todo lo que se abre ante nuestros sentidos está contenido dentro de nosotros.

Seguramente, has leído o escuchado anteriormente que todo está en tu interior. Yo mismo muchas veces se lo he oído decir a los espíritus y a muchas personas y, aunque intelectualmente —en «modo Felipe» y no en «modo médium»— entendía perfectamente qué quería decir, no lograba realmente darme cuenta. Sin embargo, si me ubico en la parte mediúmnica, separándola de mi personaje, Felipe, desde que tuve uso de razón siempre me rendí al espíritu, es decir, siempre entendí que el espíritu hacía su voluntad en mí, pues interiormente siempre he tenido y sigo teniendo la certeza de que vine a este mundo a ser una herramienta o canal del espíritu. Y cuando asumí una rendición total, fue cuando todo se armó y fluyó y sigue fluyendo, pues esa parte de mí siempre ha vivido alineada en el propósito y para el propósito, y esto me ha permitido conectar con fuentes de información que, lejos de bibliotecas, escuelas, universidades, conversaciones, formaciones o Google, proceden de la inteligencia divina, y esto me conecta con la *diviunidad,* como la llama mi maestro.

Esto no es ni un hecho aislado ni patrimonio de unos pocos, es extensible a cada ser humano que puebla y poblará este planeta. No me refiero a que todos seamos médiums, sino a que todos podemos definir esa capacidad receptiva de obtener del todo lo que necesitamos y que viene de otros mundos, de manera consciente, para crear verdaderamente el cielo en la Tierra y que avancemos como sociedad en igualdad y con la verdadera motivación de ser lo que vinimos a ser, y no una sociedad que no se ve a sí misma, que no se reconoce y que, como consecuencia de ello, vive no solo en la separación del todo, sino que vive con seres separados los unos de los otros, levantando muros que solo ensombrecen, aún más si cabe, la consciencia y el potencial que nos ha hecho errar y errar, una y otra vez, viniendo a deshacer los nudos que ni siquiera estaban pactados y que, por no autorreconocernos, dejamos en la Tierra. Me refiero a nudos como esas energías telúricas, votos, pactos, acuerdos, enfermedades del sistema familiar, etcétera, que mencionamos anteriormente y que nos frenan en el proceso evolutivo del alma. Es el momento de derribarlos para que la luz nos muestre lo que ya sabemos y que duerme como la verdadera verdad a la espera de ser escuchada, mas no de ser descubierta, pues no hay nada que descubrir. Solo detente, observa y permite que se te revele.

Muchas sociedades secretas, así como muchos caminos de realización espiritual, tales como el espiritismo o la cábala, por ejemplo, sostienen que muchos de los grandes pasos y descubrimientos de la humanidad se debieron a personas notables que los obtuvieron desde su conexión directa con el mundo espiritual. Igualmente, la medicina, tal como hoy la conocemos, y sus cepas para generar los medicamentos químicos que usamos, fueron inspiradas a personas que tenían una profunda conexión con la naturaleza y estudiadas posteriormente por lo que llamamos ciencia, perfectamente pueden ir de la mano con los conceptos espirituales inspiradores de filósofos y maestros que históricamente, como digo, han aportado grandes beneficios a la humanidad. Hoy, la física cuántica explica y da sentido a lo que los místicos, hace miles de años, transmitieron y seguimos transmitiendo, pero en un afán de separar o de obviar la conexión con la divinidad y con el conocimiento sagrado, en algún momento nos separamos más del todo. El mundo espiritual nos indica que es el momento de unir ambas vías de conocimiento para disfrutar de lo que está por revelarse, pues todavía, y con todo lo que creemos saber, hacemos caso omiso de los secretos de las primeras civilizaciones que estaban justamente conectadas con las estrellas. Sin ir más lejos, los antiguos egipcios crearon y manifestaron realidades que no sabemos explicar, y esto es solo la punta del iceberg.

A comienzo de los años ochenta del siglo pasado diferentes corrientes del desarrollo personal y espiritual nos nutrieron con la idea de que el pensamiento positivo podía mejorar, y de hecho mejora, nuestras vidas. El trabajo con afirmaciones positivas, o la apertura a filosofías milenarias como el yoga y la meditación, nos ayudaron a entender y a practicar una vida más saludable, poniendo la responsabilidad en nosotros mismos y ayudándonos a través de la visualización creativa a generar grandes cambios. Por más de dos décadas, millones de personas han demostrado que estas habilidades funcionan y que estaban ahí a la espera de ser descubiertas o puestas en práctica, para modificar positivamente nuestra experiencia. A su vez, diferentes médiums, videntes y maestros espirituales destacados mundialmente —grandes místicos, en definitiva— nos mostraron el camino a los que en ese momento estaban abiertos para la conexión con lo que denominamos paranormal, a lo que se sumaron científicos y médicos psiquiatras como el doctor Raymond Moody, quien en el año 1975 dio a conocer al mundo sus estudios clínicos sobre la vida después de la vida, analizando muchísimos casos de personas que tuvieron experiencias cercanas a la muerte, dándoles voz a miles de personas que las relataban, sin miedo a que las tildasen de locas.

En la actualidad, científicos como Bruce Lipton, Gregg Braden o Joe Dispenza, entre otros, han ido más allá de lo que conocíamos, transitando del pensamiento «positivo» al pensamiento «creativo» y demostrando con estudios científicos los cambios que se producen neurológicamente, así como en nuestras células y en nuestra corporología, al alinear nuestra mente con nuestro corazón para generar la conexión con nuestro ser interno o alma y para realizar cambios no solo en las estructuras mentales y psicoemocionales, sino en nuestra respuesta energética y conexión con la divinidad. Herramientas derivadas nuevamente de la meditación, como el *mindfulness,* se abren paso en este mundo que consideramos moderno, generando el pensamiento cuántico, un pensamiento y un conocimiento espiritual que la mística y los místicos llevamos practicando y conociendo desde que el mundo es mundo, pero que ha sido desacreditado por la gran mayoría, pues al parecer el camino era separar a unos cuantos locos de los revolucionados pensamientos, de modo que aceptásemos que dos y dos eran cuatro, pero que tres y uno no podían serlo.

El espíritu, al igual que estas fantásticas almas que encarnaron para representar una vida dedicada a la ciencia que viene a abrazar y a nutrirse del pensamiento místico espiritual, nos da la posibilidad a los más y menos pragmáticos de unir las ideas para alcanzar un mismo fin: el despertar de consciencia. Y hacia ahí nos dirigimos, y los planos más sutiles de consciencia aguardan a la espera de esta próxima revelación.

Como expliqué anteriormente, en mi «modo Felipe», o sea, en mi vida personal, en muchísimas ocasiones me he desconectado de la visión espiritual por la arrogancia de vivir en dualidad, y no ha sido hasta experimentar la rendición, como médium y como individuo, cuando entendí eso de que todo está dentro de nosotros, que somos contenedores del macrocosmos, un fractal del todo que alberga un microcosmos. Entendí también que la realización del ser no pasa por ser más alto, más bajo, más delgado, más gordo, más o menos exitoso, más amado o menos amado. Cuando me entregué en esa profunda rendición al todo para que se hiciese su voluntad en mí, todo comenzó a fluir en la vida y comprendí verdaderamente que, aunque la experiencia es individual, la compañía de la divinidad está siempre presente. No me refiero solo a los guías espirituales y maestros, que en definitiva son la unión con mi personaje y propósito de vida, sino que la divinidad, esa poderosa fuerza creadora, está presente en todo lo que hago, pienso y vine a experimentar. Y cuando digo «presente» es que cuando te rindes y te abres, la sientes, la hueles, la puedes ver y percibir de tal forma que te impregna, te abraza, te guía y te sostiene, ya que la realidad es que nunca iniciamos el viaje solos. Aquellas palabras del maestro Jesús: «Padre, ¿por qué me has abandonado?», para mí fueron una realidad en algunos momentos de mi vida, hasta que alcancé la revelación de que esa amada consciencia en su puro estado me acompañó y me acompaña. Cuando se dio mi rendición, no solo entendí, sino que me fundí con el todo en una comunicación que derribó las barreras que en algún momento de la existencia solo yo había creado con los votos, pactos, acuerdos y, en definitiva, memorias del alma que hemos entendido como karma. Fue entonces cuando se desvanecieron por completo, asumiendo la realidad de aquellas palabras del maestro Jesús: «Hágase tu voluntad y no la mía», que cobraron sentido y forma en lo más profundo y espiritual, pues la rendición se transformó en la perfecta unión que siempre ha existido y que me reveló que no hay que ir a ningún lugar, pues, refiriéndome nuevamente al maestro Jesús, el reino de los cielos está cerca, tan cerca que, cuando te dejas caer con esta entrega, el velo de la ilusión desaparece por completo, y un profundo amor te transporta a cualquier átomo existente en este o cualquier otro universo, y esa consciencia es la que te conecta con todo lo que existe y que, además, no solo te conecta, sino que puedes hacer uso de la información que necesites para crear y experimentar lo que quieras. Es como si te metieses en esos famosos «agujeros de gusano» o puertas dimensionales del universo, que une los universos paralelos para observar y fundirte con la energía del espacio. Y créeme que esto es patrimonio de todos, al margen de las facultades de videncia, clarividencia, mediumnidad o clariaudiencia.

Si te das la oportunidad y nutres tu cordón espiritual, te rindes y te abres a que la magia del todo te impregne, y usas tu mente no para cuestionar o juzgar, ni siquiera para imaginar, solo para estar presente, permites que este disfraz que defiendes como un ser individual en un mundo terrenal se diluya. Quizá te lleve un tiempo y sea cuestión de entrenamiento no solo el acallar la mente y rendirte, sino soltar para la apertura. Doy fe de que el ser se libera, se expande, y las preguntas dejan de buscar respuestas, pues una vez que conectas con la fuente, todo y nada carece de importancia.

Cuando comencé escribiendo este libro, mi máximo propósito era acercar al espíritu a la vida de todas las personas posibles y ayudar a entender que nada nos sucede, solo estamos en una experimentación y evolución constantes hasta llegar a casa. Podemos nutrir nuestro vínculo espiritual con nuestros guías y podemos hacerlo por los seres que han partido al mundo espiritual. Te invito a que hagas oraciones y les envíes pensamientos de afecto, no desde el dolor y el apego, sino desde el amor, dándoles libertad para que estos seres realicen su camino y su desarrollo en el mundo espiritual, ya que ellos en la dimensión en la que se encuentran pueden verte, escucharte y sentirte, esperando el momento de alcanzar el desarrollo evolutivo para guiarte e influenciarte positivamente, bien a través de tus sueños o generando pensamientos intuitivos. Recuerda y entiende que los guías espirituales no son la lámpara de Aladino a la que pedir que nos resuelva la vida o que nos toque la lotería. Pídeles más bien obtener tu guía, realizar tu despertar, lograr tu mayor bien dondequiera que tu mente se encuentre en este universo maravilloso que crea y da vida.

Para transmitir el pensamiento creativo evolutivo que he canalizado en mi viaje con los espíritus y poder transmitir lo que aquí he escrito, he tenido que experimentar todo lo que relato, alcanzando un conocimiento o, mejor aún, una verdadera experimentación del todo que, más allá de los viajes astrales y de la conexión mediúmnica, me ha hecho conectar a través de estos años con el viaje a casa desde cualquier lugar del mundo donde he dedicado tiempo a estos y otros pasos que fui recorriendo con cada palabra aquí escrita y que, por verdadera entrega y rendición a la inteligencia cósmica o divina (como la quieras llamar) me han revelado no solo un camino para mí, sino un camino para compartir con todo aquel que quiera experimentar muchas de las técnicas aprendidas, imposibles de explicar en estas líneas, pues no se pueden leer sino experimentar. Las pongo en conocimiento en los vídeos de mi canal de YouTube o en mis redes sociales, y otras las compartiré en mis talleres, cursos y conferencias como practicas vividas de la *diviunidad*.

Deseo que este libro te inspire a nutrir tu cordón espiritual con tus maestros y espíritus guías, compañeros en tu viaje que, presentemente, te harán conectar con tu *yo origen,* pues la vuelta a casa es solo una ilusión. La realidad es que, dondequiera que te encuentres, si de verdad te abres y aceptas a la *diviunidad,* esa es la verdadera puerta a casa.

AGRADECIMIENTOS

Quiero dedicar este libro

Al Espíritu, fuente de inspiración y de vida.

A Hamits, Amanda y a mi Ángel.

A mis abuelos y a mi padre.

A todos mis guías, a mis maestros y a todas las personas y espíritus que han hecho posible mi desarrollo espiritual y personal.

A todos los que han contribuido, contribuyen y contribuirán a que me siga experimentando como médium, gracias por apoyar mi propósito de vida.

Bendiciones y agradecimientos.

Gracias a todos los que habéis hecho posible este libro, a los que me acompañan en la tierra y quienes nos guían desde otros mundos y otros planos. Que la luz nos ayude y guíe en nuestro reencuentro en el origen.

Sería imposible nombrarlos a todos, pero cada uno de los que formáis mi familia del alma sabéis que este libro forma parte de vosotros.

Gracias especialmente a Alicia Llarena. Sin tu cariño, tu dedicación, tu orden y tu entrega nada de esto hubiese sido el magnífico viaje que ha sido. Que nuestro reencuentro nos siga colmando de alegrías, risas y bendiciones.